紫微攻略4 財富

財運不順，人生怎麼會順！

大耕老師——著

S

目錄

目錄

目錄

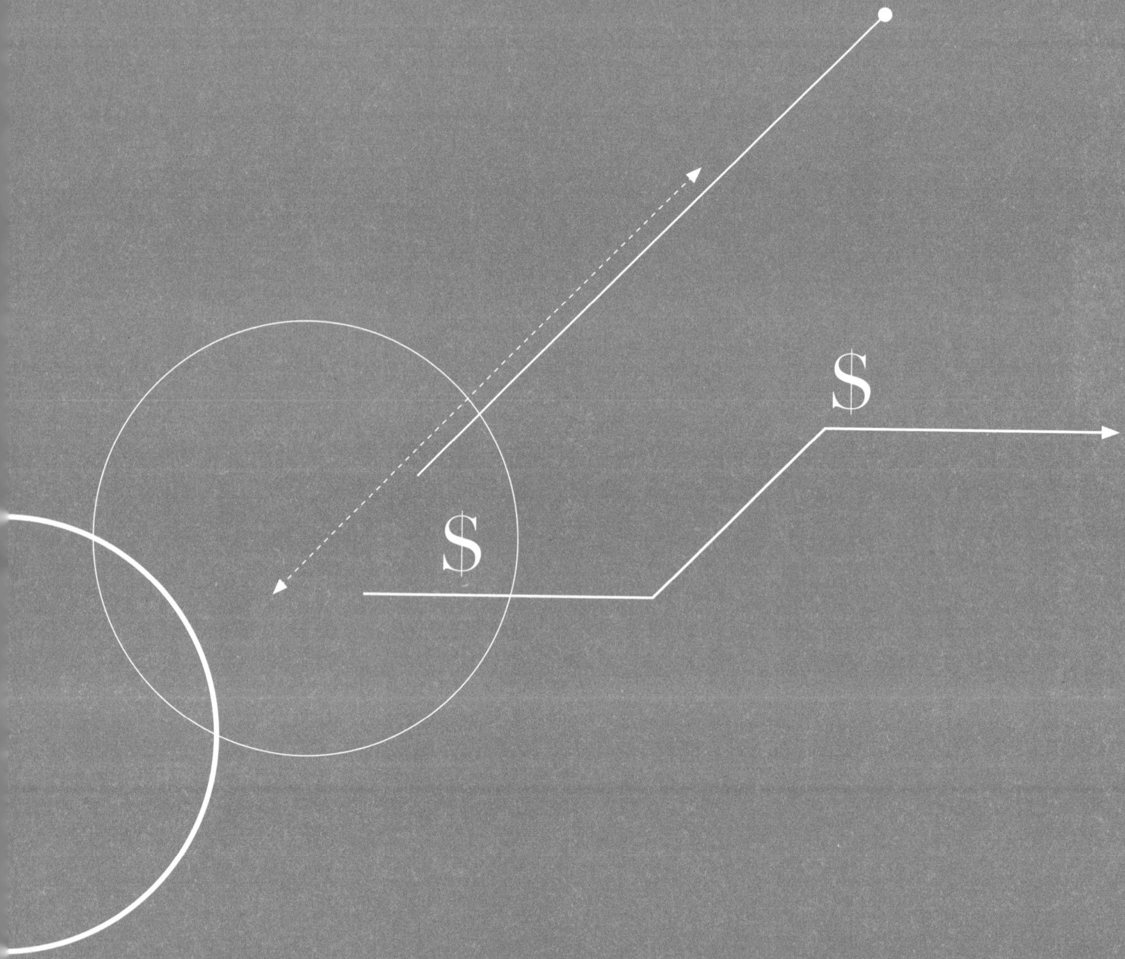

認識財富的重要，才能解決人生的問題

如果不曾好好學，怎麼有理財腦？

在我們還很小的時候，就被灌輸「唯有讀書高」、「百善孝為先」的觀念，聖賢之說充斥在我們的知識養成過程中。這樣的價值觀一代代延續下來，導致到了現代，社會大眾對於商人的輕視，仍延伸到對於錢財教育的藐視，因此華人社會向來有嚴重的反商情結。然而，大家可曾想過，古代的聖賢會有可能賺大錢嗎？古代是以帝王統治階級架構出來的封建社會，如果鼓吹賺大錢，誰來當奴隸呢？因此當然要從思想上灌輸尊君愛國、從父從夫的重要性。不同於華人，以色列人（猶太人）從小就把金錢觀念深植心中，畢竟一個流浪千年的民族一定相當了解金錢的重要性，小至養家糊口、買食物、買衣服，大至獨立建國、買軍火打通國際關係，全都需要錢，所以以色列人將金錢觀念放在生活教育之中，成為世界上最有生意、理財頭腦的民族。

直到近代的華人教育，學校仍不太主動教導「重視財富」這樣的觀念，甚至希望我們應該安分守己，安貧樂道，人生只求溫飽，將追求財富打成邪魔歪道。於是，多數人都是在長大成人、進出社會群體生活之後，才發現另外一種不同的聲音——原來人活在社會上是很難自給自足的，群體之間的往來聯繫，往往要透過金錢才能建構。

我們從人類社會最大的一個組成單位「國家」，就可以知道這樣的情況。「國」這個字是象形文字，中間的「口」是一口井，代表人們生活的基本，而井的周圍是一把「戈」，代表武力，口字下面有一橫，代表秤子，最後用一道圍牆把這一切圍起來。這表示國家的組成最早是為了樹立起一套生活標準，建立在能夠養活大家的水草綠地與水資源上面，並且用武力與公平的交易來維護，最後將這一切圍起來，不容他人侵犯，這就是國家與社會的基本組成結構。更可見人與人的交流、社會的組成，基本上都是建立在金錢之上，但是我們卻在進入社會之後，才知道小時候的聖誕老人送的禮物，其實就是爸爸媽媽辛苦賺錢而來，跟我們是不是乖小孩其實沒有太大的關係。

我們在成長過程中，往往只被期待在學業上精進，進入社會後，又被督促在事業上努力，接著又被要求創造美好的婚姻，但這些關乎學歷、工作、成家的追求，不都是為了在社會上建立「穩定的生活」嗎？因為缺乏財富思維的訓練，許多人的生活不斷出問題。就這麼一路驚慌失措到四十歲，才發現人生已經錯失許多良機，甚至被迫中斷或忘記內心的夢想，有些人只好安慰自己時不我予，有些人則開始諮詢命理師的建議，或轉而從宗教上尋求解答，讓自己心甘情願地接受命運的安排。

這是絕大多數人的人生路程，只有少數出生在商業世家的人，從小透過父母長輩得到理財的啟蒙，或者從小家境貧寒，生活逼迫他了解金錢的重要性。客觀來說，這類人因為了解得早、學習時間長，且周遭具備相當的知識來源與人脈資源，或者自己會為了需求而尋找資源，因此只要不是太糟的情況，相對於一般人而言，他們通常較具備社會競爭力，這就是我在教學時所說，其實從學理的角度來看，化忌有時候反而是動力，而非絕對不佳，人生若沒有空缺帶來不安全感，何來追求的動力呢？這也是我們可以看到在華人社會中，除了富二代、官二代之外，在社會上能夠擁有平均值以上的財富者，通常都是出身貧困，其實這就是環境的需求所造成的。

拯救家族事業，看見荒唐卻普遍的金錢觀

以我來說，因為父親的生意出問題，我自小必須與祖母、姑母同住，三人過了好幾年四處流浪的生活。這樣不安定的日子，讓我有很長一段時間非常反商，覺得做生意賺錢是個很不好的選擇，所以一心想憑藉自己的繪畫天賦，嚮往未來以藝術技能維生，當時的我認為這是讓自己安心的方法。後來，父親的生意又攀回高峰，但是因為好大喜功、胡亂投資，以及對市場錯誤的判斷，造成公司金玉其外敗絮其中，竟累積高達上億元的負債。身為長子，大學剛畢業的我只好放棄多年的美術設計學習之路，回到家族企業幫忙。也就在那時候，我看到了台灣（或者說華人世界）對於工作、金錢、理財抱持許多荒誕的觀念。例如我們的社會一向鼓吹學歷至上，會念書就等於是社會菁英，但你知道嗎？社會菁英的收入可能還不如一個賣豬肉的攤商。又如傳統的商人或許因為學歷不足與對財富的渴求，努力奮鬥之後，靠著運勢或是自身的努力，獲得了小小的成功，卻因此看不起知識分子，也排斥學習理財

的相關知識，在早年的台灣，許多老闆連財務報表都看不懂，想賺錢卻不願意學習賺錢的知識，這真是個荒謬的現象。

當時，我的家族企業看起來賺錢，其實卻面臨倒閉危機。可怕的是，明明有上億元的龐大負債，全公司上下卻無人擔憂，包含老闆。整個財務收支結構混亂，公司帳戶就像老闆的私人金庫，可以隨便動支。這樣的狀況其實並非只在企業老闆身上出現，許多人的財務狀況也是如此，每天賺多少花多少，完全沒有理財觀念，即使有，也是來自各類媒體的道聽塗說，幻想看幾篇財經報導就能了解整體經濟局勢，聽幾場演講就能變成股神，拜託！多少人學英文十幾年都不會用，卻認為自己只要十幾天就可以變成股市高手？！當這樣的態度充斥在社會中，我們當然就很難學習到正確的理財觀，破財也就是可預期的情況了。

如同紫微斗數所說，任何推測與命運的軌跡，都是由人與環境構成，怎樣的能力與個性的人在哪一類的環境中，就會組合成一定的命運軌跡。如果我們的社會環境是一個反對學習理財觀念，卻又無法擺脫金錢的世界，自然最後只有某一類的人能夠在錯誤中學習成長（強大的心理素質），或者因為擁有相對好的資源（例如有經驗的長輩朋友給予教導），才能在這個社會取得較多的財富資源。至於其他人，只能在茫茫大海中尋找浮木，求求財神、求求命理老師、求求股市老師，或者繼續道聽塗說，直到有一天自己接受安貧樂道。

「千萬負翁」用紫微斗數走出人生新路

我的人生總共面對過三次的負債，金額從數千萬到上億元，但我都在幾年的時間內，重新建立自己的事業版圖。

當年回到家族企業後，面對市場下滑與上億元的負債，整個公司毫無危機意識，加上我又是公司內最年輕的成員，其實有一度是無能為力的。後來，剛接觸紫微斗數的我試圖從命盤上找出機會，我冷靜檢視盤上的自身特質、事業狀態與環境的各種變因，一步步找出方向和指引。官祿宮有顆鈴星的我，在痛苦中沉著謀畫，整頓家族公司並給予轉型，花了三年，終於清償完債務，還爭取到上市櫃的機會。不過，也因為對於命盤了解得不夠深入，判斷不夠全面，以及因為年輕氣盛，有了戰功卻失去人和，因此被家族掃地出門，只好另行創業。

離開家族企業後，我又受到朋友的欺騙而負債，所以隨後的創業，我依然背負著數千萬元的債務，最後也因為股東問題離開創立的餐飲連鎖店，而且依舊是負債上千萬元的離開。人生前二十年的事業發展在在說明自己在人際關係上的處理有著極大的弱點，因此推算跟預測是強項，與人相處卻是極弱的我，最後選擇了命理業。一方面是從事這樣的行業，自己一個人就可以溫飽，不用牽扯那麼多的股東，一方面我也希望分享自己過去的經驗，將這個總是讓我從絕境翻身的紫微斗數推廣給更多人。

在這二十年改革家族公司、自己做生意的過程中，紫微斗數給予我極大的幫助，命盤上清楚訴說我將面對的環境，以及我在環境中該有的態度跟方式，相較於許多理財書或商業書籍，這更像是一本為自己量身訂做的財富攻略本。每個人的命盤不同，運勢不同，我們不可能照著別人的成功模式走，王永慶所在的年代跟你的年代不同，郭台銘能做的，你做了可能會挨告，馬雲的時勢背景跟人脈關係造就他可以辦到你辦不到的事情。這就像奧運游泳選手的訓練計畫看起來很厲害，但我們根本無法照著做，做了還可能會傷害身體，事倍功半。所以，我們需要的不是別人的成功故事，也不是各類心靈雞湯。成功故事和心靈雞湯只能給予自己困境中的勇氣和安慰。而紫微斗數則是專屬自己的解決方案，清楚告訴我們適合的做法，為自己的

財富也好、財運也好，找到一個好的方向與運用的方式。即使我們不在乎財富，那

也必須是我們有能力擁有而不追求，絕對不是因為沒有能力而妥協。

改運，從你看清能力、時勢、決心開始

人生的各類事情都可以從紫微斗數中找到專屬的答案，問題在於我們是否了解這張命盤給予什麼訊息，以及知道訊息之後，該如何行動。常聽人家說，紫微斗數只是算命，無法改運。會這樣說，通常是因為不了解紫微斗數，如果只能知道卻不能改，那表示你根本沒有看透。

如果你知道自己會破財，是因為愛亂花錢……

如果你知道自己一生的財務最大漏洞，來自於對家人的不離不棄，所以你無法拒絕家人的請求，剛好家中又有人總是闖禍……

如果你知道自己投資時，總是有心理上的糾結導致投資失利，那麼是否可以找到自己比較不會糾結的時間或是投資標的呢……

知道原因後，我們當然可以改變。

改運永遠都是自己去找到自己的問題，選擇適合自己的環境。有時候不是紫微斗數做不到，而是人自己做不到。所以看懂自己的命盤，努力找到適合的方向，就可以不怕風浪，甚至可以乘風破浪。

許多客人和學生知道我的故事之後，都希望學會利用命盤，讓自己從谷底翻身。不過，希望從命理學的角度為自己找到致富之道，這一樣是犯了前面所說：我們太想尋求一個快速的方法去學習任何學問。任何一個能成為我們一生受用的能力，都不是可以快速達成的，許多聲稱能夠通天遁地、預知未來的老師，自身理財能力不一定好，這也讓許多人對於命理學是否能做為一種改變財務能力的學問產生質疑。

其實我們需要回歸事情本質。既然理財是一種學問，了解財務概念當然就是基本功，就像命理學可以說你何時會出車禍，但是如果你根本不會開車，又硬要去開車，這不需要命理學，隨便一個路人都可以預測你會出車禍。有了基本的財務觀念之後，才能真正利用命盤上的跡象，讓我們順風順水，避開災難。因此，這是一本綜合了我多年來的經驗，用紫微斗數教大家財務觀念的書，從紫微斗數命盤對應理財，包括從心理到運勢各層面所需要了解的事情，讓我們了解在面對人生困境時，該如何利用命盤來逆境突圍，該如何利用命盤來轉化心境，避免受到環境與情緒影響而不斷犯錯，並且找到好的時間點，順風而起，在逆境來臨的時候，也可以找到財富的避風港。

這一本紫微斗數理財專書，內容盡量做到內行能夠看門道，外行也可以努力一下就知道。如果希望對於紫微斗數有更多、更全面的涉略，歡迎網路搜尋「國際紫微學會」或者大耕老師的教學頻道。

前導1

財帛宮到底是什麼

紫微斗數用命盤十二宮代表一個人從出生到死亡，一生所面對的生活環境，以及本身所具備的能力跟個性特質。其中，屬於自己的宮位，主要是命宮，還有與命宮呈現三足鼎立狀態的官祿宮與財帛宮，加上命宮對面的遷移宮，代表著這個人內心的想法以及因為內心想法展露出來的樣貌。這四個宮位在命盤上會畫出一個三角形，加上一個箭頭，形成一個組合，稱為「三方四正」（P.22圖一），可以說是一個人主要的人格特質，世俗評價我們的能力與個性都來自這四個宮位，就像是一間公司主要的四個組成幹部，董事長（命宮）、總經理（遷移宮）、業務副總（官祿宮）、財務長（財帛宮）構成公司的營運狀況。就一般正常的情況來說，公司主要由這四個人做決定以及產生影響，業務要拓展，除了董事長要同意，財務部門也需要支援，總經理在外處理面對的一切，通常也是為了執行董事長的意志，若董事長一意孤行，希望大展鴻圖，願意花大錢拓展一番，財務部門也相當支持，但是業務不給力，一樣徒勞無功。大至公司，小至個人，邏輯都是如此。

圖一 三方四正示意圖

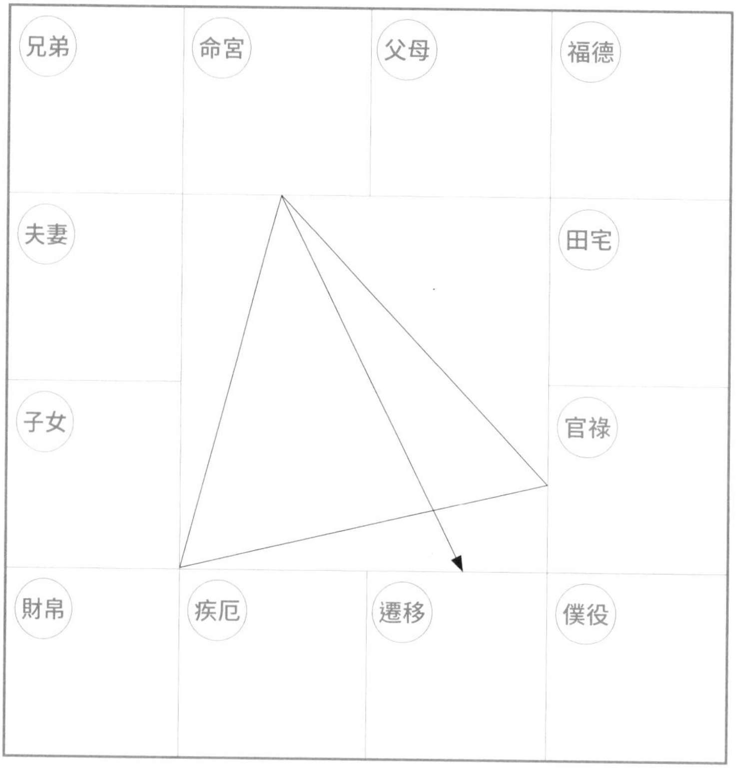
兄弟
命宮
父母
福德
夫妻
田宅
子女
官祿
財帛
疾厄
遷移
僕役

紫微斗數將這四個宮位畫成一個鐵三角，就是因為一個人的人生就像一間公司，而這個鐵三角組合，讓我們看出這個人是什麼樣的一個人。

董事長可以說是公司的主導者，正常來說，會是掌控公司的人（除非這位董事長是個無能富二代，或是人頭董事長），而官祿宮就像公司主要的業務，主掌日常的發展能力，甚至包含了學習能力（因為要學習才能夠面對市場變化），所以對應到個人，官祿宮不能只是稱為「工作」，而是「對於生活的主要追求」，以及生活日常中主要的活動。例如家庭主婦本身沒有工作，但是她需要照顧家人，照料家庭就會是她的官祿宮狀態。

不只要有業務（官祿宮）的支持，財務（財帛宮）的能力也很重要，才能支持總經理對外代表公司，並且執行董事長內心的意志（遷移宮為內心態度展現出來對應外在的狀態）。不過，一般人通常只會將財帛宮當成錢財，其實並非只有這樣的含意。**財務能力不只是賺錢、花錢，還有對於所有物產資源的調度**。一個公司有了優秀的財務長，可以讓公司提高獲利（知道如何創造更有效率的金錢利用），可以讓公司降低成本，甚至讓公司做財務槓桿去擴充事業，這也是幫企業做人才諮詢時，對於財務相關人員，我們常會特別注意他的財帛宮狀態的原因。對應到個人，財帛宮就是這個人對於錢財的觀念，由此可知，一個人對於錢財的利用能力，攸關這個人是否有能力讓人生（命宮）依照自己的想法去實現追求，讓自己在工作或人生夢想上（官祿宮）擁有很大的資源。

在紫微斗數中，這個鐵三角的組成，以順時鐘來說，剛好是財帛、命宮、官祿再繞回財帛，形成一個循環，說明人生就是理財能力（財帛宮）讓我們有了好的生命（命宮），才能進而追求人生夢想（官祿宮），而人生夢想與日常工作的能力，也會影響我們的財務能力（財帛宮），這才是紫微斗數財帛宮的最根本概念，因此我們也稱財帛宮為**生命泉源**，很真實的說明了一個人在人生中對於錢財的無可避免與需求。

要注意的是，紫微斗數中所有的宮位，會隨著命盤的不同而有不同的含意，因為並非只有一張命盤。紫微斗數利用命盤上的宮位代表我們所擁有的環境，而用不同命盤建構出時間的長河，讓我們的命盤可以在時間跟空間之中，建構出立體化、四度空間的人生狀態，所以每個宮位會因為每一張盤會有不同的解釋含意。以本命盤來說，是用出生時間訂下的，代表一個人的主要整體狀況，因此本命盤代表一個人天生的能力跟態度，所以本命盤的財帛宮代表這個人對於金錢的態度跟價值，以及相對應的處理跟使用能力。順帶一提，之所以用「金錢」做為代表，是因為在我們生活的資本主義社會，文明已經發展到用金錢做為一切社會關係組建的樞紐，也就是人要在社會中生存並取得資源，就是用金錢做為各類關係與物質交流的仲介，因此這個財帛宮，我們通常會直接對應為金錢。若這個世界是用時間彼此交換，我們就會認為這個財帛宮是「時間」，例如我要幫你刷馬桶一個小時，才可以換到你家牛肉兩公斤，那麼財帛宮就會變成我們對於時間的態度以及使用的能力。

相對於本命盤，紫微斗數中還有運限盤：

因為每十年的時間變化產生的**大限命盤**。（P.27 圖二）

每一年屬於自己歲數的**小限命盤**。（P.28 圖三）

以及每一年外界環境會對我們產生影響的**流年命盤**。（P.29 圖四）

這些運限盤各自代表了：我們在該時間區段的價值觀與能力改變所產生出來的態度價值，以及因此產生的現象。例如本命財帛宮有創業的星曜，只能說這個人天生有創業的能力與特質，有希望財務為自己所掌控的價值觀，但是要成為現象，則需要看運限盤。因此，當創業星曜在大限命盤上面出現，就代表了在這個十年限，自己有這個能力跟態度，也因此會創業（產生現象）；小限則是自己在某個歲數有這樣的跡象；流年因為代表了外界環境給我們的影響，所以表示外界環境讓我產生創業的想法跟機會，也讓我真的創業了。所以，本命盤的財帛宮，只能用來討論自己的財務能力，但是在運限盤的財帛宮，則是直接代表我們目前的用錢能力跟態度，以及產生出來的現象，當然就會包含了我們的財務狀況。

圖二 大限盤示意圖（這是示範圖，每個人的大限走法不一定相同）

兄弟 大限子女宮 114-123	命宮 大限夫妻宮 4-13	父母 大限兄弟宮 14-23	福德 大限命宮 24-33
夫妻 大限財帛宮 104-113	金色為本命盤 12 宮	**黑色為大限盤 12 宮**	田宅 大限父母宮 34-43
子女 大限疾厄宮 94-103			官祿 大限福德宮 44-53
財帛 大限遷移宮 84-93	疾厄 大限僕役宮 74-83	遷移 大限官祿宮 64-73	僕役 大限田宅宮 54-63

圖三 小限盤示意圖（這是示範圖，每個人的小限走法不一定相同）

兄弟 小限遷移宮 3.15.27. 39.51.63	命宮 小限疾厄宮 2.14.26. 38.50.62	父母 小限財帛宮 1.13.25. 37.49.61	福德 小限子女宮 12.24.36. 48.60.72
夫妻 小限僕役宮 4.16.28. 40.52.64	金色為本命盤 12 宮 **黑色為小限盤 12 宮**		田宅 小限夫妻宮 11.23.35. 47.59.71
子女 小限官祿宮 5.17.29. 41.53.65			官祿 小限兄弟宮 10.22.34. 46.58.70
財帛 小限田宅宮 6.18.30. 42.54.66	疾厄 小限福德宮 7.19.31. 43.55.67	遷移 小限父母宮 8.20.32. 44.56.68	僕役 小限命宮 9.21.33. 45.57.69

圖四　流年盤示意圖（每個人的流年盤都是依照每年的生肖訂立出來，所以每個人的流年盤宮位位置會相同）

兄弟 流年官祿宮 114-123	命宮 流年僕役宮 4-13	父母 流年遷移宮 14-23	福德 流年疾厄宮 24-33
夫妻 流年田宅宮 104-113	金色為本命盤 12 宮		田宅 流年財帛宮 34-43
子女 流年福德宮 94-103	**黑色為 2021 流年盤 12 宮**		官祿 流年子女宮 44-53
財帛 流年父母宮 84-93	疾厄 流年命宮 74-83	遷移 流年兄弟宮 64-73	僕役 流年夫妻宮 54-63

命理學是人生的指南，了解本質才能幫助自己

紫微斗數是一門重視現實情況的命理學，一切的判斷都會用實際對自己產生影響力的因素去做推論，所以我們可以發現紫微斗數的宮位設計，十分貼近真實的人生情況。

透過前面對於財帛宮的敍述，我們可以知道，一個人的財務狀況和理財能力，其實需要從他天生的個性與人生價值觀（本命命宮），和天生對生活的態度跟人生價值的追求，還有目標的實現能力（本命官祿宮），以及他自己天生的財務能力跟態度（本命財帛宮），再去對應他所生存的現實生活環境，也就是他的人生旅途中，隨著光陰的轉變，他會遇到怎樣的時空環境，給予他怎樣的人生目標以及生活資源（運限盤上的命宮、官

祿宮、財帛宮）。這就是為何我們會看到有些人無論事業如何失敗，都可以東山再起，可能是他天生本命盤有足夠強悍的能力，即使遇到運限盤上較為不好的環境給予傷害，都可以重新站起來。或者也可以看到有些人本來並非擅長理財或重視財務，卻在某個時間點忽然發大財，一瞬間變成生意高手，或者原本是安安分分的上班族，卻忽然投資起股票，風生水起。

雖然這一類依靠著運限盤給予的觀念改變或者環境改變，造就能力跟現象改變的情況，通常在運限走完後就會兵敗如山倒，但也就是這樣的本命盤與運限盤的轉動，可以解讀出我們真實人生中為何會有各類情況。

有人能力很好，很努力，卻總是出問題、有人有機會賺錢，卻在幾年後就賠光、有人一直很辛苦，卻可以在六十歲之後忽然事業成功、本來非常精明的人，卻因為感情而失去了整個事業，這些情況比比皆是，在社會新聞中也常常可見。各種的情況，其實在紫微斗數中都能用各種命盤做出解釋，也因此我們可以利用各種命盤的組合，來判斷出這些情況。

這些令人出乎意料的狀況，也是我們在人生的財運跟理財情況中最需要知道的事情之一，因為自己往往不知道為何努力打拚的事業，會突然出現問題，其實是因為自己的命盤轉換了。我們也往往不知道為什麼一向理性對待財務情況的自己，總會因為朋友或者感情而控制不住花錢的情況，這是因為盤上有其他宮位對我們產生影響。

因為人生處於變動的狀態，一般人在人生經歷某個過程後、經過一段年歲後，會開始對於人生產生不安定的感覺，這就是開始想要求助命理學的主要原因，當然他也可能會認真去上理財課程。無論是上理財課程或是求助命理學，其實有時候都只彌補了一部分的能力，還少了另一方面的資訊來幫助自己。學習理財能力當然可以幫助我們增加自己的理財觀念，只是就像各類有幫助的學問一樣，例如健身運動、行銷學，重點都是自己必須能夠非常理性的了解其核心宗旨並且確實達成，不過這並非易事，如果每個人都可以這樣要求自己，社會上也不會有這麼多胖子，每個人的肌肉線條都會跟希臘雕像一樣完美，不是嗎？

單純的技術和能力上的學習，並不能解決我們個性上的缺失，也無法解決運氣的問題。但是，我們可以從本命盤、大限盤知道自己在個性能力上的缺失，也可以從大限盤、小限盤跟流年盤知道我們目前的環境與運勢狀態，知道了這些訊息，就可以找到適合自己的理財方式，以及掌握好的時機跟躲避風險。

不過也因為如此，求助於命理學的人要不是無法解決技術層面的問題，例如已經很認真作帳卻還是破財（這通常是太倒楣，不然就是他只把作帳當成寫日記，並沒有因此修正自己亂花錢的狀態），要不就是根本不想學習理財的能力跟技術，連最基本的功課都不願意了解，只希望透過命理來得到幫助。我們總說，命理學好比人生攻略本，是一個人的指南地圖，問題是人可以只靠地圖就去爬山跟冒險嗎？就算預先知道前方會有老虎出現，但是自己體弱多病或是沒有任何技術跟能力，也無法阻止自己被老虎吃掉吧！唯有厲害的人才可以因為預知老虎會出現，找到躲避的方法，甚至具備技巧，可以把老虎獵殺了，做為冒險過程的獎勵。人生的旅途就是如此，即使你先知道自己何時會有好運，也需要有相對應的技術能力；即使了解自己的個性能力，也要知道如何補強跟利用，這些都需要在現實生活中的實際知識跟經驗。

這一類只想求助命理師而不願加強實力的人，通常最後會得到幾個結果，一種是被神棍或命理師所騙，希望簡簡單單得到豐收人生或輕鬆解決問題的人，就像是希望可以快速減肥、馬上治癒陽痿、禿頭一樣，很容易就被不實廣告欺騙。另外一種則是即使得到專業命理諮詢，最後還是無法躲開自己的命運，當然也就可能覺得是算命師不準確。因此在實際的諮詢經驗中，我認為**除了命理學的推算跟分析之外，命主自己的努力才是關鍵，這包含了自己是否願意更改個性（想想前面說到的財帛宮連動著命宮），以及是否願意學習相關的技術與知識**，即使是最簡單的生活理財記帳，都是需要技術的，只有命主願意付出努力學習，專業命理師的諮詢才能真正給予幫助。

相對的，專業命理師本身也需要具備財經知識，否則所給予的建議通常也很容易出錯，同樣的命盤現象，會因為命理師對於財經知識的不了解，甚至因為錯誤的命理學觀念，而做出錯誤的判斷。最常看到的，就是某個人田宅宮有太陰星，就建議人家去買房子，單純因為太陰代表房子，田宅代表房子，完全不管這個人的命宮、財帛宮跟官祿宮目前是否適合買房子，也不管現在房價到底會不會走跌。或是看到財帛宮有武曲星，就建議人家從軍或當警察，有巨門就建議人家當律師，完全不考慮他是否考得上，是否喜歡當兵。這些都是常見的可笑論調。更經典的還有遇到八字屬火的人，就建議他開餐廳，也不想想現在餐廳的生意靠的是宣傳跟人脈，需要的其實是水不是火。只是從五行的木火土金水去認定，覺得餐廳需要開火煮菜，所以屬火的人適合餐飲業，問題是現在的餐飲業只要會烹飪就可以嗎？現代餐飲業靠的是包裝行銷跟管理。一個命宮屬火，個性這麼風裡來火裡去的人，或許很熱情，但是真的適合管理嗎？追根究柢，這些問題都是因為我們從來不願意去正視，理財的知識跟學問其實是很需要學習的一個項目，也很少思考金錢與工作屬性對人生有多重要。因為我們生活在長久反商的文化中，知識來源都是道聽塗說，就像一個出外冒險的人對於野外的求生知識，都是看電影跟聽故事而來，結果路上遇到大黑熊，以為選擇裝死就可以躲過攻擊，結果卻被傷害一樣的可笑。

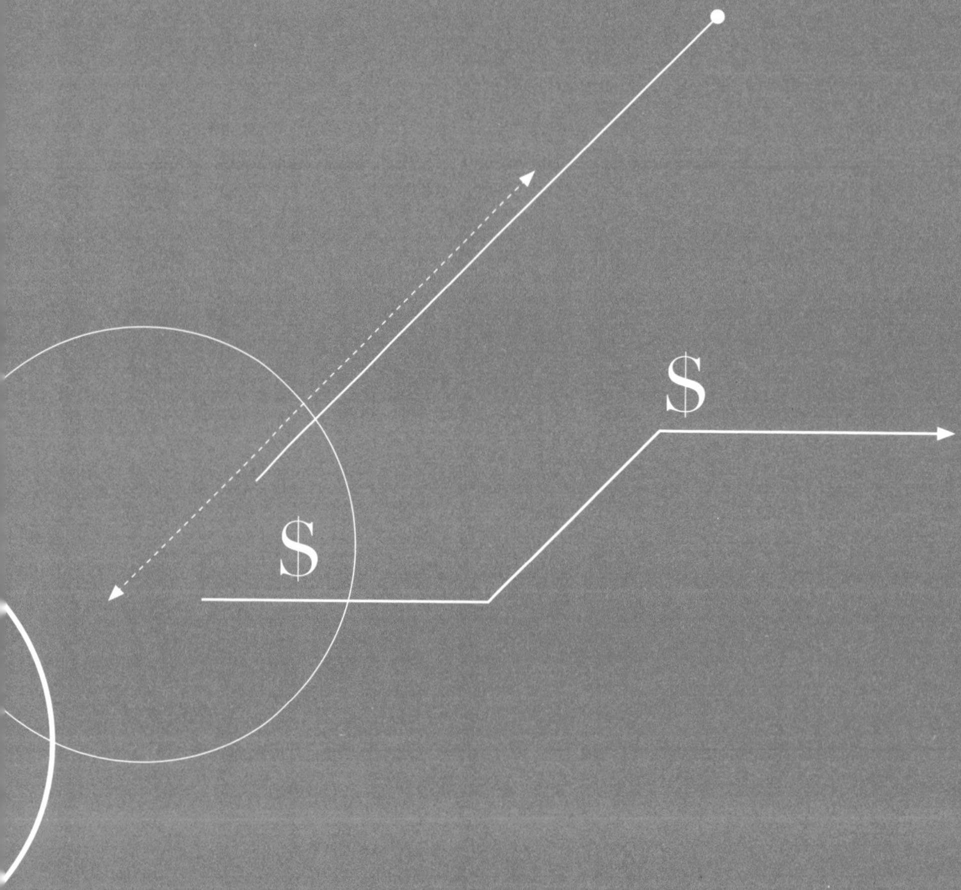

第一章

從財帛宮 檢視自己的財務能力

財帛宮並非只有錢財的意思，相對於命宮、官祿宮來說，財帛宮是一種資產跟物質的獲取與使用能力，對其他宮位來說，是一種支撐宮位的資源，因此財帛宮內的星曜就會代表我們對於財務的掌握能力與態度。本章介紹紫微斗數各星曜落在財帛宮中，有可能出現的財務態度。

紫微星系

紫微星在紫微斗數的定義中，是一個較重視自我價值，希望受人羨慕的星曜，如同字面上的意思，像是皇帝一般。但是皇帝有許多類型，要看跟什麼樣的星曜一起組合，才會知道會是一個怎麼樣的皇帝，不過，無論如何，他都是一個需要面子、希望得到大家簇擁的角色。當紫微星在財帛宮，我們可以想像這個人用錢跟皇帝一樣，並且理財、花錢的狀況都要讓他覺得與眾不同，甚至要讓別人可以羨慕他，從這個角度去想，就可以理解紫微在財帛宮的人，他會如何花錢用錢，以及會有什麼樣的理財觀念。只是有時候自己的期待跟運氣不見得能夠搭配，會因為做不到而感到失落。

① 紫微。貪狼在對宮

在紫微斗數中，每個宮位的對宮都可以說是他內心的想法跟呈現出來的狀態。當命盤上只有一顆紫微星在宮內，對宮一定會有一顆代表慾望的貪狼星，表示這是一個內心有很多期待跟慾望的皇帝。放在財帛宮內就可以解釋為，這個人用錢花錢是**為了滿足很多的慾望**，而對於賺錢，他一樣會有著很多的想法，才能展現他在錢財運用上，認為自己很不錯、有面子的樣子，這時候只要有**足夠的運氣跟環境**，這樣的人就會花錢不手軟，對投資賺錢也會很感興趣。

② 紫微。七殺同宮

紫微跟七殺這兩顆星會有放在一起的機會，這時對宮會有天府星。七殺可以說是深具決心的一顆星曜，跟紫微放在一起，就呈現出對宮天府星希望可以掌握一切的特質。這樣的特質在財帛宮，當然就是希望可以**掌握自己的財運跟財務**，而且要讓大家可以羨慕，所以在合理的情況下（例如沒有跟陀羅星或空劫星放在一起），這樣的人通常都會去創業，只是看時機是否成熟。因為只有自己當老闆，才能掌握自己的金錢。

③紫微。破軍同宮

破軍代表我們內心的夢想，紫微跟破軍放在一起，表示是個追求夢想的皇帝，或者說這個希望受到人家羨慕的心情，建構在他有比別人更願意追求夢想的態度，所以紫破放在財帛宮，當然會呈現這個人花錢不手軟（紫微星系幾乎都有這個特質，差別在於是否瘋狂而已，破軍就會是瘋狂的那一個），只要是他覺得有趣、可以滿足夢想的，都願意投資、花費。而這個組合的對宮一定是天相星，天相是個很守規矩的星曜，也是個注重自身儀表的星曜，所以通常這個組合在財帛宮，花錢購物都相當有品味，如果天相沒有遇到煞星，或者沒有遇到化忌（後面會介紹當星曜化忌的時候），我們可以說這是一個懂得花錢也懂得賺錢的組合。如果紫微七殺是為了掌握金錢而創業，這個紫微破軍就是為了完成夢想而創業，在有機會的時候。

④紫微。貪狼同宮

貪狼是慾望之星，當他放在紫微星的對面，自己對於金錢的看法便多多少少會包含一些滿足精神層面的期待，而跟紫微放在一起的時候，就像個慾望無窮的皇帝。皇帝的慾望必須建立在他有足夠的資本上面，所以前面幾個紫微組合的財帛宮，皇帝會抓到機會就創業，或有多方面取得收入的打算。但是在紫微貪狼同宮的組合，對宮一定是空宮，也就是沒有主星的宮位，在紫微斗數中，一旦沒有主星，就會把原本宮位的星曜拿過去填補，便讓這個組合呈現出表裡如一的狀態。也就是說，這個皇帝的慾望無窮，他也不想為了賺錢而放棄各類慾望，所以當然也可能在適當的時機創業，只是他更懂得將錢花在吃喝玩樂上。當然這也表示他對於各類時尚品味與吃喝玩樂的消費，都會相當有心得，並且因為需要所以了解，因為了解，所以能夠用最好的方式獲得。

⑤ 紫微。天相同宮

前面說到天相星是一個守規則的星曜，紫微跟天相在一起，當然就會是乖乖守規則的皇帝。但是對宮的破軍讓他感覺內心充滿許多夢想，所以這樣的人花錢一定是有自己的想法跟計畫，總是可以在規範中找到不同於別人的途徑，而當天相遇到煞星或是化忌，他也會衝破內心的規矩，不顧一切往追尋夢想的路上狂奔。

⑥ 紫微。天府同宮

天府星是個務實的星曜，能夠掌握一切才是重點，相對於追求眾人羨慕眼光的紫微，可以說一個是要面子，一個是要裡子。跟天府放在一起的紫微星，我們可以說是面子裡子都要的組合，這樣一個要全拿的特質，對宮當然要給他一個七殺星，才能夠對外展現出堅持「我全都要」的樣子。紫微星系在選擇工作的時候，風光跟能夠讓大家羨慕通常會是重點，買東西後得到眾人稱讚是目的，例如紫微貪狼要展現出自己擁有豐富資訊，紫微天相、紫微破軍的品味跟與眾不同很重要，紫微七殺則絕對不能買得比人貴，就算貴也要貴得有價值，因為這些就是讓他們在投資、花錢與賺錢上沾沾自喜的地方。不過，紫微天府就會希望以上皆是，並且會很努力的追求這樣的目標，雖然他不一定追求得到。當然為了達到這樣的目標，他也有可能創業，或者至少會十分努力的讓自己在財務上有一個還不錯的水準。

廉貞星系

廉貞星是理性與感性兼備，有許多規則與想法的星曜，在各宮位都會用自己的道德標準約束自己的想法與態度。當廉貞星在財帛宮時，通常會被建議要穩定理財，一方面是因為他本身就是這樣的個性，另一方面是他通常是會用自己認定的價值約束自我的人。只是當這個約束的界線跟一般人不同時，可能就會讓人覺得太過奔放，但是他自己卻不會有如此的認知，因為他會認為那就是他的價值，而且是非常不錯的，一切都在他的控制之內。既然如此，算命師只好建議他，要乖一點，投資在穩定的理財商品上。廉貞也是個人際關係的星曜，所以把錢花在建立自己的人脈上，也是他的特質。當然，廉貞星一樣會受到旁邊與對面星曜的影響，各自狀況也不太相同。

①廉貞。貪狼在對宮

貪狼的慾望，讓廉貞星在用錢、賺錢等理財上，充滿各類想像，各式各樣的機會他都願意嘗試，各種消費也都可能發生，尤其是在代表人心衝動與渴望的煞星與化忌出現時，更是容易讓這個在財帛宮的廉貞打破常規，做各種嘗試。當然這樣的情況並沒有絕對的好壞，畢竟當今社會要能夠賺錢都要打破常規，只是這必須要有相對應的條件。如果遇到廉貞星旁邊出現祿存星，或者廉貞星有化祿，就會讓情況得以控制，甚至可以因為自己不同於一般人的創意，而得到不錯的賺錢機會。

②廉貞。七殺同宮

前面說到七殺星是個代表堅毅個性的星曜，而且對宮一定是天府，所以在這個組合上，也表示這個人通常會有很好的控管金錢能力，並且不會亂花錢，最好的賺錢方法是要可以長長久久、穩紮穩打的，但是為何這樣的人卻不像紫微七殺的人去創業呢？因為他會理性思考才做決定，而且他不需要讓人羨慕自己的金錢狀態。

③ 廉貞。破軍同宮

夢想來到的時候，通常我們都會有無限的衝動。廉貞的約束性在與破軍同宮時，代表內心的對宮一定是天相。因為這個位置很容易有煞星進來，或者廉貞、天相會出現化忌，而往往讓人打破規矩。不過，我們覺得他不守常規，但他則覺得自己創意無限，花錢用錢跟理財方式當然不會手軟，而且相當勇敢，所以當他遇到好的機會就會創業，但是如果沒有足夠的條件，就容易大起大落。無論如何，因為對宮是天相，這會是個很好的朋友，至少在請客吃飯上夠大方，只是如果彼此有金錢往來，就要注意財務糾葛。

④廉貞。貪狼同宮

跟貪狼在一起的廉貞，一樣會有無限的慾望。貪狼會讓理性跟感性同時存在的廉貞，充滿了創意跟想法，在花錢上喜歡嘗試各種新鮮事物，也願意嘗試讓自己的財務來源有各種不同管道，當然如果遇到有煞星、廉貞或貪狼化忌，還是需要擔心這樣的理財態度會有追求過頭的問題。

⑤廉貞。天相同宮

廉貞跟天相放在一起，理性與感性兼具的廉貞會再往理性靠攏一些。這個組合懂得挑選消費方向，理財有賺錢機會，也會有很多自己的看法，雖然受到對宮破軍的影響，會很捨得花錢，但實際上卻是相當保守，侃侃而談沒問題，動手去做時就會回歸理性層面。不過，也害怕遇到煞星或者廉貞與天相化忌，就會因為自以為的理性而做出錯誤判斷，在運限盤上甚至可能出現財務上的違約問題，所以這一組可以說是廉貞系裡面，最適合做保守理財的組合。

⑥ 廉貞。天府同宮

受到天府星穩定特質的牽絆，無論廉貞星再怎麼感性戰勝理性，也會有所控制，所以這一組的廉貞星會自動思考，花錢賺錢、理財投資要能理性判斷並且穩定投資，可以說是穩紮穩打。只要運限之間不要出現太多問題，通常都可以安安穩穩。如果運氣好一點，來個十年大限，風生水起，也能有不小的富足機會。

武曲星系

武曲在紫微斗數中被稱為正財星，直接明白的說明了他是一步一腳印、很踏實的理財態度，但有時候還是需要擔心不懂得變通，所以當武曲在財帛宮內，而且遇到煞星（火星、鈴星、擎羊、陀羅），還有化科的時候，一樣要注意容易因為一時衝動就亂花錢，除此之外，就要看他跟哪些主星搭配進而影響務實個性。

①武曲。貪狼在對宮

相較於其他星曜對宮是貪狼的星曜組合，紫微追求自己在理財用錢上能有更多機會、更多能力，這樣可以讓他展現令人羨慕的財務能力；廉貞期待自己有更多的方法與機會，他希望藉由所擁有的財務能力拓展人際關係，並且不用擔憂金錢；武曲則是相對務實的看待金錢對自己的價值，務實的規劃財務與使用金錢，不會想要受人羨慕，也不會期待以此能力讓人生有更多發展機會。雖然我們不能說務實賺錢就一定不會受到羨慕或沒有發展機會，但是在心態上，他不會去做這樣的追求，而是願意一步一腳印，重視能夠掌握在手上的現金。幾乎所有武曲系在財帛宮都會有如此的態度，但是在這個組合裡，武曲星單獨在宮位內，對於自己的財務態度更是單純而直接，通常這樣的人會希望自己擁有一技之長，可以穩定有保障的賺錢，因為他花錢的態度也是如此。

② 武曲。七殺同宮

一步一腳印的財務觀念，加上對宮有注重實際的天府，財帛宮有這個組合的人，一旦沒有現金，通常會非常沒有安全感，買東西也十分精打細算，這是個不錯的組合，但是加上七殺之後，就容易有只要他自己覺得對的，做出決定後就不回頭的情形，因此，這是武曲組合裡很怕遇到煞星出現的一組，一旦煞星出現，他就會對自己的財務態度相對固執，出現有時候自己覺得對，但是外界環境卻不適合，當然容易失去賺錢的機會，或是破財。這是他的小問題，如果沒有創業當老闆，則問題不大，畢竟受薪階級因固執而破財的機會是有限的。

③武曲。破軍同宮

浪漫又有夢想的破軍跟武曲一起放在財帛宮，聽起來是不是有點讓人害怕呢？雖然他有著武曲一步一腳印的態度，但他血液裡也有追求夢想、奔放的因子，所以一般來說，這就是個花錢不手軟、大方的人。這樣的個性如果運氣不錯，也會有賺大錢的機會，即使真的沒有機會，只要稍加注意，頂多也只是愛亂買東西，而且自以為買得很便宜而已。這個組合對面因為有個天相星，所以需要注意天相如果化忌，容易因為合約而產生財務糾紛，因為天相是秩序的意思，當秩序遭到破壞，就代表約定、合約出了問題。

④ 武曲。貪狼同宮

跟貪狼同宮，對宮都會是空宮，這個一步一腳印的武曲，會增加很多的想法跟企圖，但是相對於破軍的夢想，他會在追求慾望的過程中多了學習，因此通常被認為是財帛宮中一個不錯的組合，可以說是讓武曲不會那麼一板一眼不知變通，也沒有七殺跟破軍那麼固執或浪漫，所以這個組合的人通常也是能賺能花，而且總是可以找到好的理財賺錢方式，只要是自己喜歡的就不手軟，但是也懂得多方評估，在適合的時機也會創業。比較需要擔心的，一樣是怕財帛宮或對宮福德宮出現煞星，這時候因為擁有比別人好的財務能力，反而會過於衝動，也就是容易因為個性跟情緒造成財務出現狀況。

⑤ 武曲。天相同宮

遇到天相都需要注意是否有煞星或天相化忌，而破壞了自己原本訂定的規範。大部分的人都會依照世俗來訂規範，所以正常情況下，天相星的規範就像個模範生，因此財帛宮有天相的人通常花錢都會精打細算，而且在合理狀態下買到很有品味的商品，但是對宮的破軍會影響他，一旦遇到煞星或天相化忌，規則被破壞了，就會做出不同於一般人的選擇，這時候就會出現一些問題，但是他自己並不這麼想，他會覺得這只是自己的想法跟一般人不同所做出的選擇，而不是錯誤的選擇。這個組合容易在理財或花錢時，出現合約問題而破財。

⑥武曲。天府同宮

如果要說務實的賺錢、用錢，並且有計畫的規劃財務，天府絕對會比七殺好很多，所以我們在武曲七殺中害怕的固執問題，當武曲跟天府同宮的時候，則完全不需要擔心，而且還同時擁有務實賺錢的能力。缺點是這樣的理財態度就會相對保守，相較於前面幾組，這一組比較適合穩定的收入，畢竟富貴險中求，不敢冒險就只能乖乖學習理財，穩定的成為積富之人。

太陽星系

太陽是天上最亮的一顆星，他在紫微斗數中被形容像爸爸，表示他需要的是地位的認可，把這樣的態度放在財帛宮，表示這個人在用錢上也算是大方，我們可以想像爸爸用錢維護地位的方式，完全是「付清節」的概念。這類人對家人朋友的用錢是大方的，不希望賺錢或理財的方式是違法或遊走於法律邊緣，因此，這樣的人通常是因為自己的名望而賺錢。但要注意的是，太陽有所謂白天的太陽跟晚上的太陽（圖五），晚上的太陽光芒就不見了，所以對於會不會做遊走法律邊緣的事，通常也不會那麼堅持，或者比較適合靠晚上的生意賺錢。

圖五 太陽星的旺位與落陷位圖

旺位	旺位	旺位	落陷位
旺位	太陽星		落陷位
旺位			落陷位
旺位	落陷位	落陷位	落陷位

① 太陽。太陰同宮

如果太陽是爸爸，太陰就是媽媽，同時有爸爸媽媽在財帛宮，表示這個人的花錢態度跟理財想法會同時具備兩種特質，他不像純粹的太陽那麼大方，而是同時有太陰的細心跟溫柔，所以一樣會用錢照顧身邊的人，能夠用不同的角度讓別人感受到溫暖。也因為具備正反面的特質，所以在財帛宮的人通常也會希望有兩個收入來源；如果在運限盤，就直接表示這個人會有兩份收入（兩份收入不等於兩個工作）。

② 太陽。太陰在對宮

不在同宮但是在對宮的太陽跟太陰，也會有兩份收入嗎？可能會有，但是相對於同宮的是兩份不同性質的收入，在對宮的比較像是相關延伸出來的賺錢方式，例如：開餐廳順便賣冷凍食品。因為對宮是太陰，所以這個太陽在花錢上也比較偏向太陰所代表的吃吃喝喝這一類，並且因為太陽太陰在對宮有日月輪替的意思，所以也表示這個人會願意為了賺錢去遠方，或是願意接受輪值晚班的工作。

③太陽。天梁同宮

天梁星是個老人星曜，老人代表慈祥跟無悔的付出。想想父親花錢在我們身上總是希望我們可以好好用功，帶有某種目的性，因為對太陽來說，他覺得他做的絕對都是最好的決定。但是爺爺奶奶對我們的好就是無怨無悔（正常情況下），所以跟天梁同宮的太陽組合在財帛宮，表示這個人對照顧別人的用錢相當大方，尤其是自己的親人。適合的賺錢方式跟工作也是這類能夠助人的行業，例如：醫生、老師等等，因為天梁也是宗教跟心靈的星曜，所以在消費上也會追求心靈層面的事物。

④太陽。天梁在對宮

如果天梁在對宮，太陽會在午位，是正中午的太陽，表示他會希望工作賺錢能夠得到大家的認同，並且很有財務能力去支撐對宮的天梁，藉由幫助身邊的人來滿足自己的精神。但如果太陽在子位，表示這個太陽是晚上的太陽，就變成單純的幫助人，是否要讓人家覺得自己很會賺錢，或是工作上很有地位，就不是考慮重點了。

⑤ 太陽。巨門在對宮

太陽在財帛宮，但是對宮卻有個內心沒安全感的巨門，表示他希望自己可以擁有能夠照顧人的理財能力，以及要有光鮮的獲利模式，是一個擅長利用溝通能力得到賺錢機會與獲利方式的人，也會把錢花在追求心靈與精神層面，簡單來說，就是不希望讓人覺得太愛賺錢，又不希望自己沒有賺錢能力，這時的太陽在白天或晚上就變得很重要。在巳位的太陽是白天的太陽，這時巨門的不安全感就是隱性的，但是會讓太陽因這樣隱藏的不安，而願意收集與尋找各種賺錢方法，對於各種財經知識跟能力也說得頭頭是道。如果是在亥位的太陽，是晚上的太陽，無法照亮巨門內心的不安，因此雖然跟白天的太陽有一樣的想法，卻更多了一點願意為了賺錢而遊走法律邊緣的心情，如果煞星太多，也容易去賺取法律或道德上灰色地帶的錢財。加上左輔右弼，更是有能力呼朋引伴一起賺錢，是標準的有號召力、能讓大家跟著他賺錢的人。

太陰星系

太陰，是月亮的別稱，微微的光芒溫柔照亮我們，如同媽媽一般，所有對他的形容，基本上就是我們對女性的看法。女性喜歡的消費態度，大概就是太陰星在財帛宮的消費態度——花錢享受吃喝遊玩。但是這個星曜之所以被形容成媽媽的星曜，是因為他還有另一個意義，就是家的概念。家是一個人內心的安全感所在，所以他也是善於儲蓄的星曜，如果沒有一定的儲蓄，這個人也會少了份安全感。如同太陽，他也願意花錢照顧親人，雖然有時候只是帶親人朋友吃吃喝喝。這麼富有女性特質的星曜，當然也具備女人心海底針的特質，所以當他跟火星或鈴星同宮的時候，就令人捉摸不定，前面說的特質一樣存在，只是存在他的心裡，就好比他也會用錢照顧家人，只是用法可能跟我們的理解有所不同。當然，他也跟太陽一樣，會有晚上的月亮跟白天的月亮之分（圖六）。

①太陰。天同同宮

天同星是眾所皆知的福氣星曜，不爭不搶，隨和的個性為天同帶來福星的名號。當財帛宮裡面放了太陰跟天同時，表示這個人對於財務保持隨和且大方的態度，將錢都花在吃喝玩樂跟享受上。乍聽起來似乎不太好，其實不然，因為太陰星懂得儲蓄，所以除非遇到太多煞星，否則這個組合並不會亂花錢，反而懂得把錢花得很優雅、花得很自在，在理財賺錢上，也會因為這樣的特質，加上兩個星曜都具有人緣，會花錢照顧身邊的人，所以也表示在財務上受到很多人幫忙，因此這是很適合開店做生意的星曜組合。

圖六 太陰星的旺位與落陷位圖

落陷位	落陷位	落陷位	旺位
落陷位	太陰星		旺位
落陷位			旺位
落陷位	旺位	旺位	旺位

② 太陰。天同在對宮

如果天同在對宮，除了具備上述太陰天同同宮的特質之外，因為天同星在對宮，所以會更明顯的不計較花錢用錢，很容易被朋友約出門吃飯唱歌，一起分攤消費。不過仍要注意太陰星如同太陽星，會有晚上的月亮跟白天的月亮之分，晚上的月亮跟白天的太陽一樣，會注意自己是否扮演好月亮的角色；如果是白天的月亮，因為躲在太陽後面，會如同晚上的太陽，在思維行事上比較不會注意是否符合社會規範。

③ 太陰。太陽在對宮

這個組合基本上跟前面提到的太陽太陰在對宮（P.56）很像，差別在於因為是太陰在財帛宮，所以花錢享受跟儲蓄會是他對待錢財的方式。

④太陰。天機在對宮

天機是個思慮跟變動的星曜，他善於思考，並且希望生活不要一成不變，跟太陰星這個具有女性特質的星曜放在一起時，除了會讓各種想法更加細膩、遇到煞星時更會胡思亂想之外，對於金錢的觀念跟用法，也因為腦海時常浮現各類想法，所以在運限走到的時候會有創業的念頭，而且也願意為了滿足自己對財務的安全感而努力工作。

天同星系

前面說過天同是顆福星，放在財帛宮，表示這個人對於財富並不追求，但很奇妙的是，這樣的態度反倒時常讓他好運連連，因為不與人爭財，讓身邊的人反而願意跟他分享賺錢的機會，所以人生不太缺錢。當然抱持這樣的態度的天同，若要非常有錢，得看運氣，但至少這個人在財務上是容易滿足的，並且願意將錢財花在各種學習上面。

① 天同。太陰在對宮

天同對面是太陰，除了更加展現出天同星的特質之外，這個人也很願意花錢照顧家人，只是看起來好像很會儲蓄理財，其實卻只是希望自己可以輕鬆簡單的花錢賺錢就好。

②天同。巨門同宮

巨門代表一個人內心的不安全感，若跟天同放在一起，天同的這種福星特質，就會被不安全感影響。試想，一個人希望自己開開心心，平平安安，不爭不搶，但是又有不安全感，展現出來的就是一種情緒糾葛，所以天同和巨門同宮的特質是很容易受到情緒影響，放在財帛宮，賺錢花錢跟理財的態度除了和天同一樣，喜歡學習，喜歡吃喝，但都是受情緒影響。當然這樣的特質如果運氣好，情緒的處理正確，就會有不錯的賺錢機會，但是也很容易讓人摸不清他的消費習慣。

③天同。巨門在對宮

巨門的不安全感如果放在對宮就好多了，除了具備天同主要的特質，因為巨門的不安全感在對宮，所以這是天同組合中相對不會亂花錢，比較容易改善天同消費上太隨心所欲的組合，對於自己的財務狀況會做些規劃。

④天同。天梁同宮

天同旁邊若有個代表老人、老天的天梁星，放在財帛宮，表示受到眷顧而一生不缺錢，這是因為他對於錢財的寬容特質，很有趣的是，這樣的不追求特質反而讓他很容易且隨時有賺錢機會，而且他也會把錢花在追求心靈的學習與消費。

⑤天同。天梁在對宮

除了老人之外，天梁還有一個重要含意：上天，也就是有上天給予跟照顧的含意，這也是天同跟天梁同宮的人幾乎一生不缺錢，即使遇上財務困難，也會有天外飛來的錢給予幫助的原因。而對宮是天梁的這個組合，更表示上天會給予錢財的概念，除非遇到煞星，否則算是一組在理財消費上可以說是能夠輕輕鬆鬆隨心所欲賺錢花錢的組合。

天梁星系

天梁星在紫微斗數中，有上天給予的意思，如同人生中有位年長的長輩會關心我們。如果放在財帛宮，就代表上天會給予錢財，雖然需要有化祿或是祿存星放在一起，不過這已經算是財運較好的組合了，一生不愁吃穿，基本生活也有一定水準，就算是運氣不好時遇到災難，通常也會得到意外之財（也可能是物資）而度過難關。更好的是，如果有天梁化祿，還可能有機會拿到祖上給予的財產。這樣的人在錢財使用上通常也是大方且願意助人的，適合的理財與賺錢方式則要看他跟哪個星曜同宮與對宮。

① 天梁。天同在對宮

有上天庇佑的天梁星在財帛宮，對宮是天同，在用錢消費上呈現隨性的特質，這個組合跟前面天同在財帛宮（P.66）有點類似，但相對來說，會有更多對財務的掌控能力，只要不是呆板的工作，而是與人接觸的工作，都可以為這個人帶來不少財運，並且不會因為重視金錢而只在乎賺錢，可以說是賺錢容易、花錢滿意的組合，是個懂得運用金錢財物來滿足心靈的人。

② 天梁。太陽在對宮

遇到太陽時，都要注意太陽所在的位置。如果這個組合的太陽在子位，這個人除了財運不差，也很願意付出金錢幫助別人，這樣的個性會讓他在生活與工作環境中得到許多人的支持與擁戴，並且因為太陽在子位，所以他的付出是默默的，很低調；如果太陽在午位，則會希望在付出的同時，可以獲得更多的能力與地位，讓自己可以幫助更多人，這類組合很適合擔任慈善機構募款人或是大企業高層，各類可以聚集眾人金錢或物資力量而產生能力的工作都很適合他。

③天梁。天機在對宮

受老天眷顧財運的天梁，加上一個善於思考，希望不要一成不變的天機星，運氣跟思考能力讓這個人對於錢財的取得跟應用上，除了願意為了賺錢學習，也願意用錢助人，購物時總是會多點思考，又不會太拘泥於一般人的價值觀。最重要的是，因為生命的態度與經驗，這會是一個希望自己能夠用好的技術能力掌握金錢的人，因此會計師這類的工作會是他們可能選擇的方向，當然他們也可能創業，但是不喜歡一成不變的特質，容易讓他們在理財上偏向風險性投資，遇到煞星時，就易有投資風險出現。

天機星系

除非遇到天機化忌或煞星，否則這是一個很懂得思考，希望自己能夠理性做邏輯分析的星曜。這種善思考又不希望一成不變的特質，放在財帛宮，表示這個人希望自己的用錢態度是經過計算思考的，不論用錢或投資，都會做功課並有所計畫，也願意接受新的事物，會為了適應環境而轉變，如果遇到化祿或祿存，通常也是很懂得理財。當然這樣的人也會怕遇到煞星或天機星化忌，遇到煞星時，會因為情緒讓他失去原有的理性邏輯，遇到化忌就會讓他因為太過度計算反而少了機會。

① 天機。天梁在對宮

我們說天梁在財帛宮，天機在對宮，遇到煞星容易在理財上偏向風險投資，那麼這個組合就可以直接說是會做風險投資了，無論是否遇到煞星。在我們看來如同賭博的狀態，對他們來說都只是合理計算後所做的投資，因此需要注意運氣不好時，可能會有投資破財的機會。

② 天機。天梁同宮

有天梁這個老人星曜在旁邊幫忙，天機星因為自己不夠穩定總是要找新機會的特質，反而會變成穩定思考，所以這個組合在財帛宮的人，用錢投資都會偏向安穩，仔細計算跟安排會是他們對於金錢的態度，會計師、工程師這種穩定的技術型工作，靠著能力爬上安穩的位置，會是他們期待的財務來源。

③ 天機。太陰在對宮

天機在財帛宮的人，對於金錢通常會有不錯的基本邏輯。比起太陰在財帛宮而對宮是天機，對宮是太陰的人更願意嘗試自己的理財工具跟賺錢機會。這個組合一樣願意用金錢物資照顧別人，尤其是自己的親人。相對於太陰在財帛宮遇到合適的機會時會想創業，天機當然也會，只是更偏向於自己多找些賺錢方式，或是一邊上班一邊做個小生意。

④ 天機。太陰同宮

天機跟太陰同宮，也會具備天機跟太陰在對宮（無論是哪一顆星曜在財帛宮）的特質。比起前面兩個天機太陰對宮的組合，天機太陰同宮是最願意承受風險與嘗試機會的組合，並且受到太陰的影響，讓天機在判斷的時候有更多感性成分，也因為如此，這個組合更怕遇到煞星，可以說這是天機太陰組合中，最能充分展現這兩顆星曜的特質，也是最需要擔心受到煞星影響，造成判斷錯誤而破財的組合，同時也是最容易因為家人、家庭的因素，而使理財受到影響。

⑤天機。巨門在對宮

巨門是顆沒有安全感的星曜，當天機在財帛宮，表示這個人對於自己的錢財有隱性的不安全感，而巨門受到太陽的嚴重影響，如果太陽在辰位，則把錢用在吃喝或收藏東西，藉以滿足自己的不安全感；太陽在戌位，則會比較節儉度日，但無論是哪一種，都會希望身上有現金，也因為天機的影響，會想辦法學會某些專業的技術能力，所以通常這一類的人相對容易往會計師、工程師、律師這方面發展。

⑥天機。巨門同宮

當天機跟巨門同宮，這個天機星就像隱士學者，會有一套自己的想法跟邏輯，在財帛宮則代表他的用錢跟理財都會有很好的計畫，也會為生活做好安排，雖然這個安排不見得是大家接受的，但是他會有自己的邏輯。如果遇到化祿，則懂得收藏與計算投資，可以有機會賺錢。

天相星系

天相是重視自己規則與秩序的星曜，在財帛宮代表用錢、理財有條不紊，一切都依循規範的方式，因此在用錢態度上，會用金錢來維持人際關係，在消費上也有著自己的藝術品味，因為天相星的對宮一定是破軍星，有完美秩序的夢想不只是瘋狂，而且不同於一般人，這就是天相星在財帛宮的人消費有品味的原因。也因此，他的投資理財觀念會偏向穩定，並且可以具有合約的方式，各類票券穩定的證券投資、出租房屋，都會是他的選擇，但是如同前面所説，如果秩序被打壞，就可能因而在財務上產生與人的問題。

① 天相對宮武曲破軍

這個組合是天相裡面比較務實的一組，只要不是在宮位內出現天相化忌或武曲化忌，或者是有遇到煞星，理財狀況通常相對穩定，如果有好的機會也可能創業，可以透過穩定的投資儲蓄理財。

② 天相對宮紫微破軍

紫微破軍在財帛宮，對於金錢消費較不受控制，當然也會在適當時刻有創業或投資的想法，但如果天相在財帛宮，則在消費上算是相當有品味，並且很懂得利用自己的品味交朋友，但是在投資理財上，卻不像紫微破軍在財帛宮的人較有希望擁有自己的事業。

③ 天相對宮廉貞破軍

這是一個比紫微破軍更懂得理財投資的人，因為廉貞感性跟理性兼備的個性，以及更加懂得將錢花在人際關係，所以會比一般人得到更多資訊，只要不遇到煞星跟廉貞化忌，加上運勢搭配，通常可以有不錯的財運，但是如果遇到煞星跟化忌，就會容易為了人際關係而破財。

七殺星系

這是一個代表內心堅持信念的星曜，這樣的星曜放在財帛宮，到底是懂得理財還是破財，許多書籍裡眾說紛紜。其實因為對宮是天府星，天府是務實而且希望掌握一切的，因此七殺星堅持信念的態度在理財上，就要看對面是什麼樣的星曜跟天府星放在一起。

① 七殺對宮紫微天府

前面說過，紫微跟天府放在一起是面子裡子都要的態度，所以這個人在理財用錢上，就希望展現出這個樣子，並且堅持一定要這樣做，如果運氣不錯，當然沒有問題，但是如果剛好運勢不佳，就容易讓自己落在困難的環境，例如這樣的人如果要創業開店但資金不夠，就會猶豫到底要以賺錢為主，還是要開間大家都羨慕的店面。這時如果有七殺碰到祿存或者紫微天府遇到祿存，就會讓他的理財能力跟平和務實與面子之間做好調和。

② 七殺對宮武曲天府

武曲天府在財帛宮，代表相當務實的理財用錢，看來會很一板一眼，但如果七殺在財帛宮，則會希望讓人家覺得自己有不錯的賺錢能力，因此花錢不小氣，不過也會堅持自己的金錢價值觀，不值得的錢絕對不花，適合很穩定的累積財富，創業也適合收現金且穩定的生意。

③ 七殺對宮廉貞天府

這個組合的財帛宮，因為廉貞的關係，不像紫微天府太重視門面，也不像武曲天府太過務實，會是七殺在財帛宮中最好的一個組合，以一般人來說，算是用錢恰當，懂得安排金錢，並且願意給予自己務實的投資機會。

破軍星系

夢想與浪漫的破軍星，一般都被認為不適合放在財帛宮，如果我們對自己的錢財如此浪漫，很可能就會留不住，如同感情不容易長久，當然這是傳統看法。現代的看法也如同現代的愛情觀，曾經幸福的擁有勝過淒涼的天長地久。破軍在財帛宮，對於金錢大概就是這樣的態度，但如果能夠增加一點理性的思考，以及遇到一點好的機會，那麼敢於追求的愛情可能不會曇花一現，勇敢花錢的特質可能為他帶來好的投資機會。我們在深度分析財務的時候，除了需要考慮田宅宮（看看家世背景是不是讓他有機會花大錢買夢想）之外，也可以看看破軍星是否有化權，或者同時間出現文昌（理性的思考）跟天魁（成熟穩重的態度），並且不能遇到對面的天相星出現化忌或者有煞星。大家覺得很難嗎？沒辦法，勇士通常都是烈士，敢花錢的人當烈士機會比較大，要當勇士需要很多條件跟技術能力來搭配。此外，這樣的人在消費上，一定也會讓人覺得他總是可以買到很特別的東西。

①破軍對宮紫微天相

對宮是紫微天相，夢想跟浪漫是想讓人感覺自己像皇帝，也就是說，這個人對於錢財的態度，會希望讓別人覺得很不一樣，讓別人認為自己很厲害，當然就免不了會亂花錢，除非遇到前面所說的破軍化權，會讓他有創業的想法，再搭配上好的運勢，通常會有不錯的事業。

②破軍對宮武曲天相

這一組因為武曲，所以夢想不敢太大，不過也需要擔心因為天相化忌或武曲化忌、或者遇到煞星，會有雖然看起來一步一腳印，很務實，但是夢想容易受到朋友的影響而爆發，因而跟朋友或親人出現財務問題，不過，至少可以知道他在金錢上對親人朋友很大方。

③ 破軍對宮廉貞天相

跟每一組的組合一樣，遇到廉貞，通常會具備比較多功能的能力，擅長人際關係也擁有更多資源，不會像紫微太過追求名聲，也不像武曲太戰戰兢兢，所以在沒有遇到天相化忌跟廉貞化忌的時候、或者遇到煞星，這會是破軍在財帛宮最好的組合，懂得利用身邊資源，讓自己在財帛宮所代表的投資賺錢上有所成果，消費金錢的態度也可以為自己帶來很好的人際關係。

貪狼星系

貪狼是慾望之星，放在財帛宮當然也代表他對錢財的慾望，但這個慾望不是只有賺錢，也代表花錢，並且會因為這個慾望讓自己去學習各式各樣的能力，所以貪狼在財帛宮可以說是相當不錯的安排，不過我們還是要看他的對宮是什麼樣的星曜。

① 貪狼。紫微在對宮

對宮是紫微，對於金錢的使用慾望，來自於要能夠讓自己擁有不錯的消費能力及消費品味，因為要擁有這樣的能力，勢必會有希望可以創業或是多方面收入的機會，以及希望可以隨心所欲使用錢財的狀態。在好的運勢狀態下，這算是一個不錯的財帛宮選擇，當然因為貪狼也是桃花星，所以也是個很懂得利用財務取得人脈，並且可以利用人際關係賺錢的人。

② 貪狼。廉貞在對宮

廉貞是一個讓人又愛又恨的星曜，在沒有遇到煞星或者廉貞化忌的時候，幾乎可以說是所有星曜裡面最符合我們期待的了，要能力有能力，要人際有人際，放在財帛宮的對宮搭配上財帛宮的貪狼慾望，可以說是貪狼組合裡面最懂得利用機會賺錢的人，無論是創業或投資，因為本身也是人際關係的星曜，所以搭配貪狼會是更懂得利用人脈跟資源的組合，跟這個組合的人合作，就算賠錢了，你也不會生他的氣。通常他很能讓自己一邊賺錢一邊花錢，更重要的是，因為兩顆都是磁場強大的星曜，所以傳統上，廉貞系跟天梁系的組合去求財神的效果最好，只要不要遇到煞星或化忌。

③ 貪狼。武曲在對宮

這是一個對於金錢慾望務實追求的組合，認真審視自己的財務能力，總是現實、不做浮誇的投資與遙不可及的金錢夢想，即使對於金錢的使用與賺取充滿期待跟慾望，還是會以專業技能認真工作來取得財富，可以說是貪狼系裡面最不容易在財務上出問題的一組，即使是武曲化忌，通常也不會出太大的問題。

巨門星系

巨門像是一個黑洞，代表我們內心的不安全感，以及希望被填補的心情，所以有收藏、收納的含意，從某個角度來說，如果放在財帛宮，也會是一種財富的聚集，因為金錢與物資就像可以填補他內心黑暗的東西，因此巨門在財帛宮的人會有喜歡收藏東西的特質，就好的角度來說，這可能是財富來源，但如果收藏的東西不值錢，又會變成亂花錢，這時就要看這張命盤上的巨門遇到的太陽是否為白天的太陽。巨門代表吃吃喝喝，所以通常也會將錢花在這方面。巨門也代表溝通，因此也會因為與人的溝通能力而獲得財富，但是因為這份不安全感也害怕遇到煞星或者巨門化忌，這時不安全感會加重，對於金錢也分外重視，嚴重時就會讓人覺得小氣，但其實只是個性使然，真的需要他拿出金錢幫助的時候，他是大方的。

①巨門。天機在對宮

巨門的不安全感會透過天機的邏輯思考而改善，尤其當太陽是白天的太陽，這個組合會讓人善用理財能力創造財富，對金錢的不安會驅使他追求各類賺錢知識，但是需要注意不能遇到煞星或是化忌，否則就會因為衝動或情緒問題造成破財；若是遇到晚上的太陽，則較欠缺創造財富的活力，但是一樣會努力追求。

②巨門。天同在對宮

只要這個組合是白天的太陽，花錢自在、懂得吃喝玩樂，就是他的特質，財運也會相當不錯，因為不與人計較金錢，所以人緣也好，是個很好的消費夥伴。吸收各種理財投資知識、不設限的個性，讓他在運勢好的時候會有輕鬆創業或投資致富的機會，就算是晚上的太陽，也只是稍稍減緩這些特質而已。

③巨門。太陽在對宮

這個組合的重點，當然是更直接看太陽在什麼地方，如果太陽在亥位，屬於晚上的太陽，則會因為對錢財的不安，願意用各種方式賺錢，當然就可能接受灰色地帶的獲利方式，花錢的態度也趨向保守，但是又不希望別人覺得他沒錢，所以會展現出大方的一面。如果太陽在巳位，則是花錢不手軟，而且都是用來照顧眾人，進而建立起地位的價值，也容易因此創造出人格魅力，讓自己擁有許多賺錢的資源，就能夠得到許多市場資訊，只需要依靠巨門星與人的溝通能力跟特質就可以賺到錢。

④巨門。太陽同宮

這個巨門的組合很像前一個，只要是在寅的位置，因為是剛日出的太陽，所以有著前面太陽巨門在對宮組合的特質，但畢竟是在同宮不是對宮，所以如果缺了點運氣推動，就會保守一點。如果在申的位置，此時已是日落西山，就會希望能跟前面那組一樣，卻又容易裹足不前，常常有談好了的投資卻又考慮半天，當然也容易失去賺錢的機會。不過，無論如何，這兩個組合只要不要遇到煞星，基本上都是可以利用人脈跟與人溝通來賺錢。

天府星系

天府星是紫微斗數中著名的財庫星曜，因為天府本身就是個務實、懂得為了自己的需求做好規劃的人，如果武曲的務實是埋頭苦幹，一步一腳印，那麼天府的務實則是為了需求，會做好縝密的規劃與布局。如果加上祿存星，就可以視為財庫的星曜，因為絕大多數的事情都可以用金錢完成，因此展現出天府星的務實特質，只要擁有金錢就可以達成一切。這樣的觀點如果放在財帛宮，更是紫微斗數中非常好的組合，當然所呈現出來希望運用財務追求務實夢想跟價值的狀況，還是要看對宮是什麼星曜。

① 天府對宮紫微七殺

紫微七殺是個希望可以掌控一切，並且讓眾人羨慕的組合，放在財帛宮，通常會有創業的特質與心情，在運限盤上出現，幾乎可以確定這個人會創業，除非遇到陀羅或是空劫。但如果天府在財帛宮，而對宮是紫微七殺，則不一定如此，因為務實的理財觀念會讓這個人細細盤算自己是否有創業的能力，若是遇到祿存星，甚至反而會更加務實檢討自己的理財能力，但畢竟對宮是紫微七殺，這樣的人在花錢態度與理財觀念上很有看法，言談中不排除有創業的可能。只是這個組合會比紫微七殺在財帛宮更加小心，因為實際得到財富比讓人羨慕來得更重要，因此是否會創業，就要看紫微會不會遇到化權，或是命宮遇到化忌或化權，讓他覺得需要掌握人生，或者覺得很需要用什麼來證明自己，這樣就可能走向創業的路。

② 天府對宮武曲七殺

武曲七殺跟紫微七殺分別在財帛宮時，紫微七殺會偏向創業，武曲七殺則是只要能賺錢，自己是否當老闆就不是重點了。但是在天府的這個組合裡，武曲七殺在對宮，創業的成分不比紫微七殺低，因為他會是三個天府組合裡最重視金錢的一個，尤其是身上到底有多少現金，因此如果遇到武曲化權、化忌，甚至是擎羊星同宮，都會因為希望多賺點錢而創業，並且會非常努力，遇到不錯的時機通常也會有不錯的成就，尤其是天府遇到祿存或者武曲有化祿的時候。

③天府對宮廉貞七殺

這個組合是三個天府組合裡相對最不會創業的一組，即使是天府遇到祿存也是如此，雖然運勢在運限盤轉動時會出現其他跡象，讓他有創業的機會，但是本身卻比較少有這樣的考慮，比較會考量人生不用為錢擔憂，可以穩定獲取不愁吃穿的財務，可以花錢購買喜歡的事物以增進人際關係，只要能夠如此，其實也不用創業，加上因為有天府的特質，財務規劃的能力相當不錯，也不容易有大的財務問題，即使遇到煞星或者廉貞化忌，也只是會多些衝動跟企圖心，只要運勢不差，都不需要擔心。

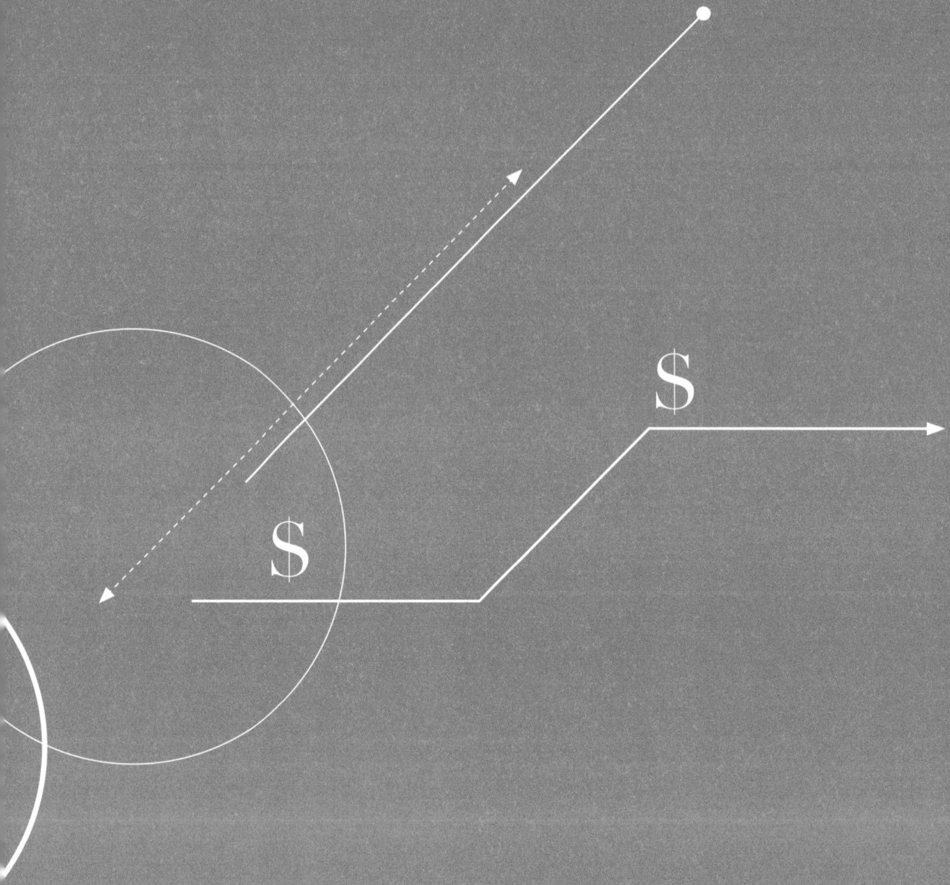

第二章

四化和四煞在財帛宮的影響

1

當四化在財帛宮

紫微斗數中，宮位代表了我們的生命價值，跟環境對我們產生的影響，而星曜表示我們在這個生命價值與環境中的處世態度。這之中有個非常有趣的設計，就是「四化」（P.98 圖七），這些星曜會因為環境的變動而有四化的產生。也就是說，星曜會依照時空環境產生變化，其中有我們天生具備的生年四化，也有因為每個時間點所產生的四化，例如大限命盤會有因為大限命宮的天干產生的四化、每個流年也會有因為流年天干產生的四化，例如二〇二一年天干為辛，就會有辛的四化對應產生在命盤的星曜上。

星曜產生四化後，所對應的宮位環境也會發生改變，例如本來為了夢想可以不顧一切的破軍星，當具備化權的時候，因為化權是一種掌控的能力，就不會再不顧一切的消耗錢財追求夢想，反而會控制自己追求夢想的能力，這時候反而是好的狀態；又或者是原本喜歡助人的太陽在財帛宮，如果化權了，可能會讓人有點不舒服，因為拿了他的錢可能也要聽他的話。這也就是說，星曜產生四化，進而改變宮位的狀態，至於狀態變化的細節則要看這個四化是由哪些星曜產生的。不過，因為四化在財帛宮中，會使財帛宮的狀況有所改變，所以我們還是可以簡單的用四化看在財帛宮的影響。

＊透過輸入排盤軟體，也可以看到命盤上面的四化（國際紫微學會排盤ＡＰＰ網頁版下載連結：https://app.dreamkinin.com）

圖七 四化表

天干	祿	權	科	忌
甲	廉貞（廉）	破軍（破）	武曲（武）	太陽（陽）
乙	天機（機）	天梁（梁）	紫微（紫）	太陰（陰）
丙	天同（同）	天機（機）	文昌（昌）	廉貞（廉）
丁	太陰（陰）	天同（同）	天機（機）	巨門（巨）
戊	貪狼（貪）	太陰（陰）	右弼（右）	天機（機）
己	武曲（武）	貪狼（貪）	天梁（梁）	文曲（曲）
庚	太陽（陽）	武曲（武）	天同（同）	天相（相）
辛	巨門（巨）	太陽（陽）	文曲（曲）	文昌（昌）
壬	天梁（梁）	紫微（紫）	左輔（左）	武曲（武）
癸	破軍（破）	巨門（巨）	太陰（陰）	貪狼（貪）

化祿在財帛宮

「祿」這個字在古代表示上天給予的恩惠，意思是「本來不屬於你，多出來的東西」，所以古代皇帝給予臣子的薪水叫俸祿。這個名詞一開始就是恩賜的意思，因此指的不一定是金錢，而是泛指所有的物資，放在紫微斗數中，是指在財務物資上可以得到許多，但是因為紫微斗數會用各種命盤去區分是天生的還是當下狀態，所以如果是本命盤財帛宮有星曜化祿，代表財務上有如老天給予獲取財富能力或是享受能力（有錢才能享受）。

例如武曲在財帛宮，是一步一腳印的理財態度，武曲化祿表示可以用這樣務實的態度擁有好的財務能力、賺錢的能力（不是每個認真賺錢的人都賺得到錢）。如果是運限盤的財帛宮，則表示在這段時間內可以因為這樣的態度賺到錢。本命盤說的是能力，運限盤說的則是現象，所以在本命盤的化祿，可以視為賺錢理財、獲得金錢與物質的能力，運限盤的化祿，則可以視為發生了獲得資源與擁有錢財的現象，因此如果本命盤的武曲沒有化祿，可以說是這個人只知道努力，卻不見得懂得努力的好方法，不過時間到了，運氣來了，努力就會出現成果。

化權在財帛宮

「權」是一種掌控的概念，希望自己可以掌握，所以化權所在的宮位，也表示希望可以掌握這個宮位所代表的事物。出現在財帛宮，當然代表希望無論是使用或獲取的方法，都可以掌握錢財，因此財帛宮出現化權，通常會被認為有創業的機會，因為只有自己當老闆才能夠掌握金錢。換句話說，只要是可以控制收入來源的人，都能被視為創業當老闆，例如擺路邊攤，做個小微商，做個自由接案的工作者都算，並非一般人認知的開公司才算是老闆、算是創業。也因此財帛宮出現化權者，有可能一邊上班一邊接案子，因為他希望可以掌握財務來源，可以控制自己的財務能力。

不過，在本命盤財帛宮出現化權的星曜，除了武曲、紫微、破軍、貪狼之外，其他星曜的化權不見得會真的創業。這是因為本命盤代表的是個性價值，如果這個人在運限上（也就是時機）沒有機會，他可能會考慮多一份其他收入，或是在事業發展上覺得公司給予的條件不錯，他就可以接受了。但是在運限盤上無論是哪一顆星曜化權，都會希望有創業的機會，或者至少可以有兩份收入來源。

化科在財帛宮

「科」是一種彰顯的概念，在官祿宮跟命宮都被視為會為了面子而努力，唯獨**在財帛宮，有錢財露白的概念**。財帛宮有化科，就像是用錢來彰顯自己，這當然不見得是好事，所以這是某種角度的破財行為，因為這樣的人總是禁不住別人的吹捧跟誘惑而亂花錢，忍不住別人擁有但自己沒有的心情去購物。不過，這類的人通常都很大方，會願意花、捨得花，因而獲得不少友誼跟讚賞，甚至是機會。

化忌在財帛宮

「忌」這個字是「己心」兩個字所組成，也表示內心。內心得不到滿足，當然就會覺得空虛、不滿，一旦空虛不滿，當然就不會開心快樂，連帶的也就會產生許多問題，並且可能做出過度追求的事。強摘的瓜果不甜，強走的路途不遠，人生中硬去要求的事情通常不能盡如人意，也因此有星曜化忌在財帛宮，通常都被評價得非常不好，但事實上並非如此。有時候不去摘一下，怎麼知道瓜果真的不甜？不努力拚一下，怎麼知道自己能走的極限真的不遠？

化忌在財帛宮時，通常會覺得錢財賺得不夠多，這個覺得不足的念頭往往就會迫使自己努力，缺點當然是無論這個人賺多少錢，他都覺得不夠，以及如果對應到廉貞、天相、巨門、天機這類本來就容易出現情緒問題、或是本來就有不安全感、或是需要被規範的星曜，就容易因為化忌的空缺與失去，追求時容易做過頭，所以需要注意，尤其遇到煞星時，可能就容易在財務上做出不好的判斷。其他星曜的化忌在財帛宮上往往是一種動力的產生，反而會讓自己有追求財務的能力，只要運限盤不要太倒楣，這樣的人往往會有不錯的財富收入。

2

當四煞星在財帛宮

四煞星在紫微斗數的起源，來自天上的流星跟彗星，那是一種並非每天在天上，而是短暫出現又消失的現象，就算是一個循環周期就會出現的彗星，也跟平常就在天上的星星不一樣。就好比女人會在每個月的月事期間有所改變，並不會因為每個月都來就感到習慣而不受影響。所以，四煞星的出現，代表命盤與生活中原本擁有的特質跟能力、價值觀跟態度受到自己的情緒影響，而這個情緒可能會讓原本的主星失去本有的判斷能力跟行事作風，造成主星，也就是原本的價值跟態度變得不同，但這不一定不好。

想想看，財帛宮若為空宮時（宮位內沒有主星），往往代表容易破財，這是因為一人的用錢理財態度都是受情緒控制，當然不是太好的事，可是如果遇到好的時機，敢放手一搏，也許就是好的機會，這正是古書中提到：當四煞星的擎羊星跟火星放在一起，有機會賺大錢的原因。雖然要賺大錢還需要許多條件搭配，而且通常會因此損失其他宮位，可能因此失去親情或朋友，但基本上就是因為這樣的個性特質比別人敢投資、敢賭一把，所以有機會賺錢。

以下介紹四煞星在財帛宮內對我們的影響，除了前面提到擎羊跟火星放在一起有賺大錢的機會外，其他兩個煞星的組合都可以用「兩者並存」來解釋就可以，例如火星跟陀羅，又衝動又糾結，可能嗎？當然可能啊！看看那些菜籃族投資股市時不就是又衝動又糾結嗎？煞星對於財務還有其他影響，像是當煞星跟武曲星同宮，無論在哪個宮位（不需要在財帛宮），都會有破財的意思，只是看落在哪個宮位，例如落在僕役宮，就可能為了朋友破財。

火星在財帛宮

火星的特質如同一把火，熱情快速也具有爆發力，這樣的星曜特質對應於用錢態度上，當然是讓人害怕的，簡單來說，就是花錢像在燒紙錢，毫不手軟。搭配上各類星曜，就可以知道會把錢大量花在哪些事情上。

有趣的是，若遇到某些星曜，卻又可能因為原本具有的爆發力，讓財帛宮有爆發的特質，例如貪狼有化祿或化權、天府跟祿存放在一起、太陽有化祿或祿存、太陰有化祿或祿存、天同有化祿或祿存、武曲有化祿化權或祿存、破軍有化權，都會讓他在運勢不錯時願意為自己拚一下、衝一下，因而有機會賺到錢，而且這樣的財帛宮特質表現出來的樣子通常都很大方，所以人際關係也不會太差。

鈴星在財帛宮

鈴星是個善於精密計算的星曜，但是算計過頭通常會造成破財。鈴星在財帛宮代表較容易計算錢財，對於財帛宮而言，鈴星是煞星裡面比較好的星曜，鈴星在財帛宮時如果旁邊有天府加祿存、武曲加祿存或者化祿、廉貞化祿或者加祿存、太陰化祿或者加祿存、太陽化祿或者加祿存、貪狼化祿或化權或者加祿存、破軍化權對宮是紫微天相、天機化祿、化權或者加祿存、巨門化祿對宮是太陽，有這些主星組合時，是會有偏財運的！

擎羊在財帛宮

如果七殺是一種堅持的力量，擎羊就是一種固執的情緒。七殺一方面是主星，不見得只會跟某些星曜組合在一起，另一方面之所以堅持通常是因為仔細考慮過，而固執通常就只是不甘心、不放手，這樣的態度會影響主星的價值觀，也就是說，這種情緒上的固執，會讓主星的價值產生變化。例如跟破軍放在一起，就會為了夢想無限制固執下去；跟貪狼放在一起，就會堅持慾望，絕不妥協，當這樣的個性態度放在財帛宮，往往會造成破財，因為主星失去了冷靜思考的能力，甚至覺得自己的任何決定都是對的，如果運氣不好，就很麻煩了。

所以，當擎羊星在財帛宮，通常我們可以直接說這個人愛亂花錢、常破財，但也不可否認如果這個人的財帛宮內星曜有化祿，或者化權，抑或祿存這類算是還不錯的財帛宮，擎羊的固執會變成擇善固執，只要運勢環境給予機會，也是有可能賺大錢。跟天同放在一起的時候，還會增加天同創業的決心跟機會，因為此時的天同會產生企圖心，減少天同因為對財務要求不多，容易滿足，而造成錯失賺錢機會的問題。

陀羅在財帛宮

前幾個煞星都可以說若在宮位內會因為情緒衝動而破財，但只要遇到好的機會，也可能成為賺錢的助力，畢竟富貴險中求，人生不敢賭一把哪裡有機會大發？雖然安安穩穩是大家的希望，但是午夜夢迴都會想著生活的安穩來自於富足的銀行戶頭，而不只是富足的心情。不過，如果是陀羅，則除了各種對應主星的破財，例如紫微跟天府同宮，希望裡子面子都要，卻又考慮許多，不敢兩者都拿，這樣的躊躇，反覆無法決定的狀況，將拖累主星本來該有的化權或者化祿機會，讓本來可以好好發揮的主星變得綁手綁腳，雖然可以勉強說這是種考慮再三的謹慎態度，但是通常都是因為有問題才會考慮，有時考慮考慮著，機會也失去了，因此，陀羅星在財帛宮可以說是相當不利，唯一的好處是如果個性夠小心翼翼，大概破財也有限。要注意的是，如果跟天相、廉貞這類星曜放在一起，可能會受到朋友所累，有理財上的問題。

簡單來說，本來宮位內狀況好的星曜組合，會因為煞星而產生變化，這是因為情緒而產生的變化，讓人不自覺的湧起一股衝動，無論是忍不住要算計，還是忍不住要發火亂花錢，但是只要用在對的地方，有時候反而會是好的狀態，因為人有時候就是需要衝動，但前提必須是主星的狀態不錯，不能有太多煞星，例如命宮有擎羊的人個性固執，財帛宮有火星的人花錢不手軟，一聽就知道理財風險很大，如果再加上財帛宮有個化忌，覺得錢賺得不夠多，就會有一般人不會出現的破壞力，因此煞星不見得不好，只是不能太多，個性情緒上的動力要有，但是太過頭又是風險。這也是我曾在第一本命理書籍《紫微攻略一》提到的，利用宮位三方四正內的煞星與化忌，看這個宮位是否會有被破壞的問題，星曜特質代表我們在這宮位內的行事作風跟能力，如果行事作風太過無法控制，就會破壞宮位，當然就會造成傷害。而關於煞星中的擎羊跟陀羅星，除了本命盤上，還有運限的擎羊跟陀羅，資深讀者若有《紫微攻略一》，可以看書裡詳細的說明，或者我們免費的網路教學影片，了解如何使用運限出現的煞星。

特別加映

財帛宮星曜組合的簡單使用與判斷方法

很多人學了紫微斗數之後，還是無法正確利用星曜和宮位做出分析，甚至連許多開業的老師也是如此，往往只能說出「財帛宮化忌，一輩子破財」這種簡單而平面，根本沒有幫助的話。其實，紫微斗數具有相當立體的組成結構，前文曾提過這是最貼近現實的命理學，因此我們需要從現實生活中聯想，並且了解基本邏輯。

·財帛宮內星曜好多怎麼辦？層層解讀就對了

舉例來說，如果一個人的本命盤財帛宮有紫微七殺，因為本命盤是天生的價值觀，可以說這個人天生就希望能夠掌握金錢（對宮有務實跟希望掌握一切的天府），並且希望自己的理財能力是能夠受到大家羨慕的（紫微），而且會為了堅持這樣的目標，敢投資自己花錢不手軟，也會務實考量錢花在哪裡（七殺與對宮的天府）。

◆若是這個紫微還有化科，則表示這樣的價值跟態度是他覺得自己很棒的地方，除了會去做，也會到處跟大家說。

◆如果不是化科，而是加了陀羅，則表示這樣的想法有時候會浮上來，但又懷疑自己是否做得到。

◆如果是運限盤，例如大限或是流年命盤，就可以說是目前希望可以掌握自己的財務狀況，所以可能會考慮創業。如果再加上陀羅，就變成有希望創業，但是心裡又有很多考量，不知道該不該行動。

我們可以像上面的示範，依照命盤的時間對應上星曜在財帛宮的解釋，再加上四化或者四煞對星曜的影響，簡單分析出財務態度跟狀況。有了這樣的基本資訊，就可以分析出理財態度跟能力，以及當下的財務情況，然後找到一個理財的方向。

• 一定要同時看對面的福德宮

從星曜在財帛宮展現出來的特質，可以發現對宮深深影響了財帛宮的狀態，無論是用錢或是賺錢的態度，甚至還有賺錢的運氣。福德宮在紫微斗數中指的是自己的靈魂跟精神，他還有另一個含意，就是運勢。

通常在學習紫微斗數的時候，一般人很難將精神、靈魂、運勢這類虛無的概念加以聯想，因為傳統的華人文化較少談及心靈層面。我們或許會期待運氣，卻很少探討個人的心靈，就算討論到，也只是建議應該放棄物質。然而，人的需求是無法被掩蓋的，因此我們就發展出兩個方向，其一是單純的希望上天與神明幫忙，例如各類財神信仰，即使不是財神，我們也會向神明祈求發大財之類的。另一種是不祈求物質，純粹投射於心靈，例如我們應該清心寡慾，應該安貧樂道，追求心靈滿足。所以這個其實代表精神跟靈魂的福德宮，逐漸衍伸代表了我們的運氣。大家進一步想就知道，如果一個人的精神跟靈魂狀況不佳時，運氣怎麼會好？

當年紀越大、人生路途走得越多，慢慢就會發現，錢財這檔事其實運氣的成分很高，無論是家中祖上是否留下財產，讓你就算不是站在巨人的肩膀，也能站在比別人高一張板凳的位置。又或者總是希望有貴人幫助你、投資你，或是在你危難時總會出現意外之財幫你一把，這些都需要一些好運。人生中每一次關卡，如果能比人多一點好運，最後就會有不同的結果，這也是財帛宮的對宮是福德宮的安排。

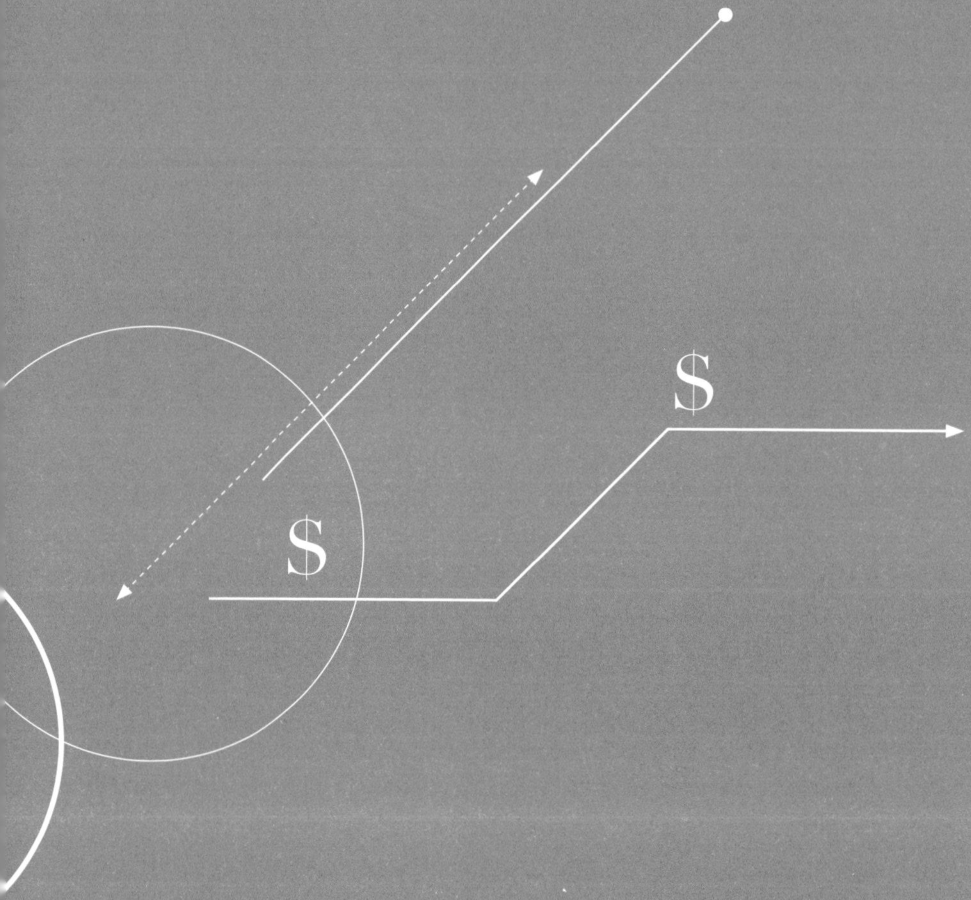

第三章

除了財帛宮1 內行人看福德宮

$

1

福德宮才是真正賺錢的力量來源

紫微斗數中的顯化法則

如果問真正成功的人如何成功，他通常會非常謙虛，因為他知道成功絕對不只是靠自己的努力，必然是因為自己的際遇與得到身邊人的幫助。身邊是否有隊友幫助（只要沒有太多豬隊友），最後呈現的成果可能就是地區型冠軍和進軍國際奧運賽的差別，或許聽起來差距很大，但這就是現實情況，畢竟能夠進入奧運賽的人絕對是世界上屈指可數。其實能夠成為區域冠軍也很不容易，就像賣炸雞賣到成為肯德基的，全世界也不過就這麼幾家，但如果能夠在台灣開個十家炸雞排店，年收入大概數百萬沒問題，開二十家以上，年收入應該就上千萬元了。這對許多人來說這已是很棒的收入。成為世界炸雞品牌、在台灣有十家分店、有二十家分店，這之間的差異通常就在於能夠得到別人的幫助，包含投資者、同事、股東跟顧客。成功不只單憑自身的努力、用心與才能，好的機緣跟運氣也非常重要。

一個人財富的累積，無論是上班、創業，或是投資，甚至是家族的給予，都會需要某種運氣或者說是福氣。有些人的運氣來自家族支持，有些人是在遇到危機時總是可以安然過關，也有些人總是可以遇到好的機會，這些其實都是因為福德宮，所以我常會提到，真正的紫微斗數高手看的是福德宮而不是命宮。

人會想要算命通常是因為遇到問題，這種時候都會希望有個好的運氣度過，因此看是否有好運氣的福德宮，當然就會是重點了。從財帛宮的角度來看，福德宮剛好是財帛宮的對宮，代表錢從什麼地方來，以及從什麼地方去，因為福德宮是財帛宮的內心想法（錢從什麼地方來），跟對外的展現（錢花到哪裡去和怎麼花）。

福德宮也代表家族背景跟我們自身的靈魂與精神狀態。想想看，精神狀態不佳時，怎麼可能找到好的賺錢方式？平時沒有做善事累積福報，怎麼可能在遇上困難時有人幫助呢？至少該花錢在一些對你有幫助的朋友身上，遇到困難時他們才會回饋啊！更別說比較宗教性的福德宮看法，這是一個前世累積的善果與業報的宮位，從宗教角度來說，更會是影響今生的財運狀況。即使不討論宗教問題，單純就福德宮代表的意義，也可以了解到這是一個深深影響財運的宮位。無論是再怎麼不愛錢的人，金錢總是生活所需，你可能不愛錢，但你或許愛美食跟藝術，而這些都是需要用金錢取得的。你或許覺得自己不喜歡追求財富，但是你追求身體健康跟家人平安，可惜除了台灣跟古巴有良好的健保醫療制度，絕大多數的地方，醫療都是昂貴的，更別說人生平安的條件也不是只有醫療，還需要有好的生活品質。你或許不追求金錢，但是你渴望擁有孩子，想給孩子良好的教育，這也需要金錢，凡此種種，都是福德宮重要的原因。

2

先別管錢花到哪裡去，求財要先知道錢從哪裡來

坊間有許多理財相關的書籍，都會提到我們該做好財務管理，正所謂人不理財財不理我。財務管理中最基本的，就是要知道錢花到哪裡去，因此做好基本的帳務管理，了解自己怎麼花錢是很重要的一件事。問題是，如果記帳做筆記就能處理好事情，許多人應該早就身體健康加上外語一流了。人生中遇到的許多事，無論是學習或執行計畫，絕大多數都是自我管理出問題，要能控管好自己的金錢花用，利用帳務管理的手機ＡＰＰ進一步學習帳務知識，是很好也很需要的事，只是有更多財務問題都是在於當下無法控制自己，花了錢才後悔，前面提到財帛宮內的主星，例如紫微貪狼、天同或是破軍，就有這樣的特質，遇到火星或是有化科出現，也會有這

樣的情況，在本命盤上是天生的個性，在運限盤上，例如流年出現的時候，就會有想花錢的心情，在這樣的情況下無論再怎麼記帳，其實都是無用的。

從財帛宮裡的星曜可以知道我們的消費習慣，如果加上煞星，通常容易讓我們控制不住消費行為。財富的累積在於開源跟節流，可以節流當然非常好，聚沙成塔累積財富，但是如果很難做到，或許積極開源會是更加正向的方式。控制自己的消費模式當然是個好方法，問題是控制消費就跟控制飲食一樣困難，我們總是面對著人生中某些壞習慣，但不也是因為我們擁有一些壞習慣，才會稱為人嗎？與其完全阻斷讓自己發揮的可能性，只固守傳統保守的理財觀念，不如積極學習相關知識，找到適合自己的生財方式，才是真正的理財能力。

為此，代表來財方式的福德宮，就是我們需要了解的。福德宮所在的星曜代表我們的用錢方向與期待的賺錢模式，這個部分可以參考前面財帛宮的解釋，差別在於財帛宮說的是單純的理財觀念，福德宮說的是內心期待錢財怎麼來。例如武曲在財帛宮，對宮貪狼在福德宮，會說這個人的用錢跟理財態度是務實的，希望一步一腳印的賺錢花錢，對宮代表慾望的貪狼卻是希望可以有更多賺錢機會，一方面希望自己務實，一方面希望有很多機會，所以擁有專業技術就能讓自己不用擔心，並且能夠以此為基礎，有許多發展，這就是古書說這個組合為「百工之人」專業技術人才的原因，為了有更多發展機會，所以會在專業上做更多的延伸跟研究，也因為貪狼是宗教的星曜，會希望求得上天的幫忙，這就是福德宮在星曜解釋上的概念。在本命盤，財帛宮是用錢理財的能力跟態度，運勢盤是狀態，福德宮則是財富的來源，這是我們特別容易搞混的問題。就像前面所說，武曲是賺錢跟努力的態度以及狀態，而對宮的貪狼星的存在，代表賺錢的慾望促使他會尋找各種資源，增加技術能力，這才是真正讓他可以賺錢與財富來源的原因。

從紫微斗數命盤上，利用福德宮裡的星曜找到適合自己的財富來源，也就是開源的方向。例如：

◆貪狼的慾望可以利用人際關係跟多方面的知識，七殺則是因為對於一切的堅持，破軍的夢想特質則是呈現在與別人不同的創意跟想法上。

◆各類紫微組合的星曜，例如紫微七殺、紫微破軍等等，以紫微這樣一個希望可以主導並且得到眾人支持的特質，如果三方四正內擁有左輔右弼，基本上就可以運用自己的魅力跟對事情的看法獲得財富。

◆同樣被稱為帝星的天府星，重點在於善於籌劃與謀略，和這類能力相關的工作就容易有賺錢的機會。

◆如果是天相星，人際關係的建立與經營，利用各式合約或是票券的投資，便會是財富來源。

◆受到上天保護的天梁星，當然最適合放在福德宮，而上天的保護也代表天梁星的人對於自己的財富，是一種心想事成的狀態，只要夠努力，通常上天就會給予機會。

◆太陽星代表父星，想制訂規則，同時照顧身邊所有的人，因此努力讓自己得以有所展現而努力。太陰星代表母星，一樣擁有想照顧他人的特質，同時多了溫暖關懷，有機會因這一層關懷而有所拓展。天同星特有的赤子之心，擁有接納意見、不排拒的特性，進而增加學習機會。

◆邏輯能力好的天機星，善用邏輯能力，從事這類工作或是多加尋找不同的機會，會是天機星在福德宮為自己找到財富的方式。

◆正財星的武曲星在福德宮，除了一步一腳印的特質外，各類型專業技能，例如牙醫、水電工、工程師，都會是適合的方向，當然這時也要看旁邊是什麼星曜。

◆許多書籍都寫得讓人害怕的廉貞星，其實創意跟人脈會是他最大的資源。

◆內心容易不安的巨門，由於這份不安全感而努力累積的各種知識，讓他具備超強的溝通能力及判斷能力，從事起相關行業會如魚得水。

利用財帛宮跟福德宮的星曜，分析出適合自己的賺錢模式，就可以事半而功倍。當然這時候最好再加上星曜的四化。不過，判斷方法不只如此，接下來的內容，我們將更積極的利用福德宮避開理財上的風險與困難。

3

人生困境的上天救援

人生難免遇到一些困境，絕大多數跟金錢有關係，無論是工作出問題，或是感情出狀況需要有能力買名牌、出去旅遊跟朋友一起買醉，甚至是買凶砸了渣男的車，除了生死，人生遇到困難的時候，絕大多數都可以靠金錢給予一定程度的幫助，更別說如果是財務問題，更是直接需要福德宮的幫助。在許多諮詢案例中，當事人找上門來時往往已是手足無措，只好求助於命理。坦白說，這時候跟他說理財很重要，要學習專業知識這樣的話，可能會讓人想拆招牌，就像一位癌末的病人聽醫生說要吃得健康多運動，不要憂心影響精神一樣，讓人感覺討厭。

雖然不可否認的，一個人會讓自己淪落到無法自救的狀態，在台灣這樣一個算是社會福利相對完善，幾乎只要願意努力都能溫飽的亞洲國家，其實是很不容易的。之所以會有這類重大的落魄狀況，除了運勢實在太差、環境太糟（這個世界上真的有那種父親年邁媽媽身心障礙，兄長殘疾妹妹吸毒，全家只剩他一個正常的命主，幾乎可以說是一出生就是來累積福報幫助別人的），絕大多數人都是因為自己的問題才會造成財務問題，或者可能是自身有點問題再加上環境有問題，雙刀流一起攻擊之下，難免讓人手足無措，甚至有可能是親生手足讓他手足無措。這時第一時間應該先看看自己能否度過難關，然而許多人遇到財務問題的時候，通常是這幾種應對方式：

① 溫水煮青蛙

覺得沒什麼問題是不能解決的，就算真的有，睡一覺起來也會消失，如果還是沒有消失，就再睡一下好了。

② 相信自己無所不能

這種態度雖然積極正面，但是人生就跟在路上開車一樣，當你走錯路了卻不改道，是無法用意志力走往正確的方向的，通常不會越挫越勇，只會越挫越嚴重。

③ 相信豬隊友

許多人的財務出狀況，可能是身邊的人也沒有理財觀念，所以無法提出警告，甚至就是因為認識豬隊友才會造成問題。例如朋友跟你說跟著哪位老師投資，一年有20%投報率，如果有這麼好的績效，老師為什麼要帶著你投資？他應該自己偷賺才對，更別說還有用更高的投資報酬率來詐騙的，這種朋友不是蠢（相信這樣的投報率）就是壞（知道是假的還騙你），如果你相信他，當然就會掉入陷阱。

④ 環境困難，身不由己

這或許是絕大多數的人遇見困境時，用來自我安慰的答案，不過如同前面所說，只有極少數人因為環境實在太過困難，其他幾乎都是因為自己的問題，正因為有這些情況卻不好好面對自己的理財能力，才會在人生困境出現時，沒有辦法以最務實甚至最現實的應變能力（金錢）去應付，而落入無法解決的狀態。

縱使有上述這麼多因素，但在問題發生的當下，通常都已經無法用正常方法解決，所以無論如何，第一時間是先看看能否度過難關。就像生重病的人應該要先看看是否有度過難關的好運，而不是先檢討日常生活習慣來改善生活態度。這時候福德宮就很重要，我們可以從福德宮判斷這個人是否能夠度過難關，再搭配命盤給予長期財務改善計畫，慢慢改善財運。其實這就是處理財務問題時該有的態度跟方法，許多人面對財務問題時，容易心心念念著該如何處理龐大的債務問題（例如我當年一次負債三千六百萬元，那一整個下午基本上都無法思考，甚至因此出了大車禍，開車在路上六神無主被公車攔腰撞上）。事實上，巨大的債務或是因為環境造成龐大的財務支出，超過了日常平均的正常收入，這時應該想的問題並不是如何一次解決，因為根本不可能也不會是正確的方法，這樣的思路會讓許多人在一瞬間失去判斷能力，就可能走向更加錯誤的財務問題（例如向地下錢莊借錢）。

這種時候代表精神狀態的福德宮就非常重要了，通常在危難出現時，會希望福德宮能夠有天同、天梁、太陰、天機、白天的太陽（旺位）、巨門、廉貞、武曲、貪狼等星曜出現，最好有化祿或祿存放在一起，只要宮位的三方四正沒有超過一個煞星，星曜本身沒有化忌，就表示可以保持好的思慮狀態。這些星曜不是善於領導，就是博學，不是有上天眷顧，就是細心或具有巧思，都是善於解決問題的星曜。還有一個天府星，但是需要跟祿存星放在一起。當福德宮有這樣的組合，表示有能力為困境找到出路。如果是本命的福德宮，表示原本就具備這樣的能力，但若是運限的福德宮不佳，例如有煞星或者放的星曜不對，甚至還化忌，這時候就該靜下心來想想該如何面對困境，因為這代表你原本其實具備有應付困境的能力，只是運限福德宮的精神、靈魂狀態、當下運勢不好，煞星和化忌造成原本的優良特質無法發揮，心緒混亂，讓自己失去思考能力。

面對巨大問題的時候，我們雖然無法馬上解決，但是可以逐一破解，靜下心後，先想想自己是否還有什麼沒有發現的能力，例如保險可以用來借錢，例如是不是有資產可以出售，好好盤算還有什麼可以利用的資源，以此換取一點時間與空間，再找其他方式逐步解決問題。如前面所說，絕大多數的人遇到的難題其實都是因為無法冷靜思考而越加感覺問題很大，而真正事業成功的人通常都會好好盤算自己的能力進而度過難關。

我曾有個客人因為父親生意失敗，長年向地下錢莊周轉資金，最後實在無法解決，累積高達三千多萬元的負債。我看了她的命盤，發現她的福德宮有巨門化祿，對宮是天機星，表示她具備很好的溝通能力與巧思，在一陣詳談之後，我建議她將家中住屋賤價賣給討債的黑道（當然一時之間命主會覺得自己就無棲身之所，沒了錢負了債，連住的地方都沒了）。她的住屋市價兩千萬元，而她當時身上還揹了一千萬元房貸，每個月要付貸款五萬元。我建議她用一千八百萬元賣給黑道（黑道現賺兩百萬元），她馬上可以還掉房貸一千萬元，等於每個月減輕房貸負擔五萬元，而多出的八百萬元還給黑道，於是債務馬上從三千兩百萬元減少到兩千四百萬元。低於市價的價差兩百萬元當作談判籌碼，談什麼呢？談黑道不能再增加利息，因為計算下來，這兩百萬就包含黑道多年來利滾利的錢了，否則她就不管爸爸，讓爸爸去死好了（破釜沉舟的打算）。如果黑道答應，她願意分十年償還父親欠下的三千多萬元，一年兩百四十萬元，每個月付二十萬元還債。至於賣給黑道的房子，這客人每個月再用市價三萬元回租，於是，這間房子讓黑道每個月有三萬元房租收益，對黑道來說，其實一毛錢都沒有出，就擁有一間房產，還有租金可收，更有人願意代替她那位年邁（其實根本拿不出錢）的父親承擔兩千四百萬元的債務（因為客人在銀行上班，所以信用可以期待），這一來一往，黑道不僅不會犯下重罪，反而還能求財，於是就答應了。至於那位客人，我再建議她，多找一份工作，例如保險，最後這位客人成為保險超級業務，五年就還清債務，還讓自己成為高收入的保險經紀人。在這個案例裡，正是命盤上的福德宮告訴我們，她具備良好的溝通能力，可以靠著巨門化祿的能力做好業務工作，能夠解決問題解決，並且因此開創更好的事業。

那如果本命福德宮有煞星呢？這時候就要看運限的福德宮，可是問題是當人的運勢出狀況時，通常福德宮的狀況也不會太好，這時又該如何判斷呢？

這時需要看看問題到底有多大，如果本命福德宮不佳，流年福德宮也不佳（所以才會出問題），但是大限的福德宮還不錯，那就看流年走到哪一年時，福德宮的狀況才會好，就有解套的機會，剩下的就是思考如何撐過這幾年，逐步從人生的加護病房走出來。

有時候人生的問題就像生病，有的病拖很久，有的病一時之間很嚴重，如果沒有好好處理，可能小命都不保，但是只要妥善處理，很快就可以復原，例如出車禍造成氣胸，若沒有送醫處理，就可能命危，但是若能馬上送醫治療，可能躺個幾天就沒事了。所以如果問題實在很嚴重，連大限的福德宮都很差都在化忌，該怎麼辦呢？這時候一樣要保持冷靜，仔細盤點自己的資源，因為福德宮是我們的靈魂，所以我們可以依靠意志力讓它化祿，也就是透過星曜的特質去好好面對，並且逐一檢視每個流年，雖然大限和當下的流年不佳，但是或許之後的流年還算不錯，這樣就能在困難中慢慢擺脫問題。如同前面提到的案例，她雖然解決了當下父親被黑道用刀槍逼迫的問題，還是需要花好幾年的時間面對債務（原本預計是十年），但是因為流年福德宮不錯，所以可以試著讓自己的財務能力變好去面對問題，最後當然也解決問題，因為她運勢不好的大限只要再五年就結束，換了運限之後，不但解決了債務，還讓自己收穫更多能力，累積了財富。

4

堅強的靈魂
陪我們享受過程與開山登峰

好吧！我知道真的會有人命盤裡滿滿的都是煞星和化忌，找來找去實在找不到喘息的時間點，這時候該怎麼辦呢？

傳統上對於福德宮的看法，偏向於適合坐比較安穩的星曜，並且搭配化祿，這當然是華人文化的態度價值觀所造成的觀念。華人是比較不願意冒險跟承擔風險的族群，雖然不可否認的，安穩順利是很不錯的狀態，就好比以前述的案例來說，其實大多數人願意採取的方式，都會像命主原本的想法一樣，覺得應該至少守住房子（她的父親也是如此認為，所以才會一直借錢，希望可以保住房子）。但其實這類觀點是標準的錯誤理財觀點，我們身邊甚至會有朋友借錢繳保費，用高利息去付低利息的錢，這怎麼看都是不對的，當下都要過不去了，還在想房子以後買不回來？當下都過不下去了，卻去想保險解約會損失利息，用更高的利息去借錢來繳保險，這實在讓人匪夷所思，然而事實上，真的有很多人如此。能解決問題的人和被問題困住的人，有時候差別只在於是否能為自己找出好的資源，如果可以好好的了解自己的資源，並且善用命盤上提供的優勢，找出好時機，就可以慢慢把問題解套。在前面的案例中，只要換個角度找到資源，命主就可以有信心去面對問題，畢竟她本身的福德宮不差。

問題來了，如果福德宮都是煞星、都是化忌呢？這時應該要注意，前面提到的星曜（P.128）如果遇到兩個以上的煞星，或者再加上化忌，其實不用太擔心，只要能夠利用化祿的時機，或者努力告訴自己要克服心理的障礙，利用靜心的方式穩定情緒，其實也可以慢慢解決。前文有說到，煞星是種無法控制的情緒，化忌是覺得自己做得不夠好而可能過度追求，這根本都是內心的問題，只要情緒思路平穩，讓自己慢慢冷靜處理，雖然困難，大概也可以度過困難。問題又來了，如果不是這些星曜，而是諸如自尊心很強的紫微、想法做法本來就不安穩且敢於突破的破軍、遇到問題會從平常的乖乖牌變成想要鋌而走險的天相呢？除了前面章節（P.128）提到的星曜，其他星曜在福德宮內再加上煞星或者三方四正遇到化忌，甚至福德宮內是空宮，直接遇到煞星，都不能說這樣的福德宮狀態是好的。若是本命、大限、流年都是如此，在一般傳統命理學來看，這的確是個很糟的狀態。現實上遇到這樣問題的人，一定也覺得自己的命真是爛透了，但很不可思議的是，這卻是有可能絕處逢生的命盤狀態。

當福德宮出現這樣的狀況時，實際上只需要注意兩顆星曜，一個是陀羅星，一個是火星，這兩顆星曜會讓思慮過於糾結或衝動，但是這兩顆星曜不會一直在福德宮，所以只要想辦法躲開這兩顆星曜，其他的煞星或者化忌都可以將它變成意志力，讓自己度過難關。當一個人願意認真盤算自己的財務狀況時，基本上問題就解決了一大半，所以心境冷靜是主要態度，再來是對自己有信心，有了信心，潛能才會被激發出來，上天也會願意伸出援手。而且，很特別的是當福德宮有煞星時（無論是擎羊或鈴星），通常也是第六感最好的時候，而且這時搭配的主星都會有不顧一切奮勇向前的特質，俗話說富貴險中求，沒有奮勇想錢哪可能奮勇向前賺大錢，所以這種時候通常都會有無比的意志力去面對問題。

如果遇到化權會更好，因此當這些星曜在福德宮，其實我們更在乎的是化權而非化祿，同樣的用各種運限盤以前面的方式找到好的時機點，但是這次用的是帶了化權的力量，化權是掌握跟穩定，當我們一直受到情緒影響，化權可以給予穩定的思慮，煞星可以變成堅持的力量，只是此刻更需要告訴自己，要有魄力的找出不同的方法跟想法來幫助自己，畢竟問題的產生是長年累月，就像一個人的肥胖絕大多數必然是因為生活習慣所致，改變生活習慣才會是根本的解決辦法。改變過去的財務觀念讓自己從谷底翻身，並且利用煞星讓自己產生無比的意志力，如同現在流行的身心靈學說，給予自己力量，或者說利用有煞星、第六感強的福德宮，可以告訴自己與上天，自己願意面對問題，進而產生更好的意志力跟想法，或許不如前面所提天梁、天同那些星曜容易解決，更多時候會是充滿艱難，但是如果可以轉換心境，福德宮的煞星就可以轉變成我們的意志力，一樣可以幫我們度過難關，或是很有決心的斬除問題，甚至為自己找到下一個運限的好機會。

我們可以從許多大企業家或所謂成功人士的命盤上發現，這些人的福德宮或命宮都帶著煞星，多數也都是如七殺、紫微、破軍等等這類不安穩的星曜，但也就是因為這一類的星曜，讓他們可以大破大立，做別人不敢的嘗試，因而功成名就。當我們遇到困難的時候，更是需要有這樣的精神，用精神意志力掌握人生。不過，絕大多數的運限不可能充滿這樣的煞星，總是會在某些運限點有好的機會，只是主要的運限福德宮不佳而已，例如本命或者大限，這時把福德宮當成意志力，利用相對好的流年或流月運限來改善，一步步讓自己越來越好，才是解決問題的方法，而且紫微斗數中也真的有可以幫忙讓自己越來越好的方式。

5

吸引力法則

運氣自己造就，利用命盤拿回主導權

很多時候，我們會希望更主動掌握自己的財運狀態，在經過了努力奮發與利用堅強意志力度過難關之後，有什麼方法可以讓我們找到更積極良好的方式來獲取財富呢？

我們可以用星曜的四化，來簡單判別福德宮內的不同星曜該怎樣賺錢。

如果福德宮內有化祿或祿存出現，表示可以利用宮位內的星曜特質，擁有許多賺錢機會，例如：天同化祿在福德宮，對宮財帛宮是天梁，表示有能利用天同隨和個性的好人緣，以及豐富的學識，追求輕鬆賺錢的特質，加上對宮有老天給予幫助的天梁星，讓這個人可以一邊吃喝玩樂一邊擁有賺錢的機會。福德宮化祿的人在本命盤上常讓人覺得一生不缺金錢，總會有賺錢的機會（每個星曜化祿後的特質不同，機會產生的方式也不同）。這類的人願意多利用財帛宮的星曜特質，尋找更多的賺錢機會，才會有一生好像不太缺錢的樣子，甚至在運勢好的時候更有賺大錢的機會，即使是上班族，都會希望能夠有更多其他收入。

福德宮象徵財帛宮的內心，呈現出追求金錢與花錢的靈魂狀態，如果是運限盤有化祿或祿存，就表示在這個運限時間內，會因為福德宮星曜的特質，希望有更多的花錢機會與能力，所以會讓自己的第六感也好、靈魂也罷，都處於尋找賺錢機會的狀態，願意找就有機會，有機會就可能賺錢，因此就比別人有更多的收入方式。

近幾年很流行的身心靈各類法則，其中「吸引力法則」、「顯化法則」所說的，用紫微斗數的角度來看，都是利用福德宮的方法，讓我們對自己的內心或是靈魂產生追求慾望，因而驅動老天給予機會（其實仔細分析這一類的法則，都是利用做計畫，推動自己的慾望、心情以及企圖心，用正向的力量幫助自己，努力自我鼓勵），其實這就是化祿。化祿是本來不屬於我，因為星曜的特質而多出來的。因此，利用紫微斗數對星曜的解釋，可以有個更明確的方向去引發顯化法則，例如福德宮內太陰化祿，對宮財帛宮是天同。細心跟照顧人，認真儲蓄以及重視家庭這樣的態度，讓我們有許多賺錢與獲得財富的機會，我們就該認真去做這樣的事，讓這個特質展現出來，「顯化法則」的情形就會出現。

不過，這類身心靈書籍中談到的技巧，往往容易讓我們陷入迷思，其一是，真的心想就會事成嗎？當然不是，光是心想根本沒用，因為一般人絕對想得不夠用力，所以各類書籍都會告訴我們許多做好計畫認真執行的方式，透過計畫模式認真想、認真思考；其二是，有些願望即使做好計畫也不可能實現，例如希望成為世界首富。所以這類書籍也會告訴我們，願望需要符合現實情況。

因此，我們可以利用紫微斗數命盤上星曜的特質，尋求適合的、並避免無法確實執行的計畫，畢竟計畫如果容易實現，才會容易讓自己保持動力。

紫微斗數命盤上福德宮出現化祿的人，可以說天生就具備了追求願望心靈會催促自己的力量，但是不免有很多人心裡想著：問題是我的命盤上沒有化祿或祿存啊！該怎麼辦呢？前面說到四化是星曜因為時空環境而產生，即使本命盤上的福德宮星曜根本沒有四化，運勢卻會給予出現四化的機會，例如命盤上福德宮有天梁星，這是一個屬於跟上天與靈魂溝通的星曜，所以福德有天梁化祿的人，通常會擁有源源不絕的賺錢機會，所以也是最容易引發吸引力法則的星曜。如果本身不具備天梁化祿，就可以利用流年或是流月的天干造成天梁產生化祿的時間點。簡單來說，本命盤的天梁雖然不化祿，但是運限盤有機會產生，如果遇到大限命宮的天干、小限命宮的天干，或者流年的天干有機會天梁化祿時（可以查詢農民曆，例如二〇二二年壬寅年天干為壬，依照前面的四化表顯示，天梁就化祿），福德宮就有化祿的機會，這時候祈求的願望就比較有機會達成。

如果年的時間太長，不好等待，也可以利用農民曆去查哪個月分或哪一天的天干是壬，讓福德宮天梁星產生化祿，為自己找到要訂下的目標，向上天訂立契約、祈求願望實現的機率，就會相對提高，因為這是利用了福德宮，讓我們有比較巨大的能量可以完成願望。你可能會想，又不是每個人的福德宮都有天梁星，該怎麼辦呢？我們會有運限盤的福德宮，可能會有流月命盤的福德宮有天梁星，找個天干為壬的某一天，在那一天許下願望。當然也可以找流年福德宮，然後找流月天干是壬的那一個月，越是長的運限時間效果就越好，可以許下比較大的願望。

*教你找良辰吉日，流月流日

在紫微斗數中，天梁是最接近上天與自己靈魂的星曜，但即使不是天梁星，其他星曜在福德宮中，例如天機、太陰、天同、廉貞、巨門，雖然效果比天梁差一點，一樣有這樣的功效，所以如果不是天梁星，還是可以利用上述的方式尋找好的時機點，為自己找到好的運勢時機。這些時間點通常會是我們在運勢上、跟靈魂的溝通能力上，還有精神狀況比較好的時間。

前面提到各類身心靈使用的法則，其實是用自己的力量去引發老天的幫助，這是自助而他助的方式，但之所以有些人會無效，其實是因為不夠努力，以及所求的願望跟現實相差太多，當然也是這類身心靈系統所用的法則引人詬病之處。大多數的人都只看到表面，忘記深入內容，只想向上天許願，忘了許願的過程需要自己的努力。就算自己願意努力，也會因為各類因素，包含環境與心情導致放棄，而紫微斗數利用命盤找到好運時間點的方式，則可以避免掉自己因為運勢不好而受到環境影響的問題。

星曜的四化不是只有化祿，還有化權、化科跟化忌，前面提到的方式其實在化權跟化科的時候也可以使用，只是化祿的效果最好，也是最容易達到的。如果是化權，需要比較努力，化科則通常事情比較表面而非真實給予。例如祈求擁有多一些賺錢的機會，如果是化祿就有很多機會，化權是要靠努力爭取，化科則會偏向看起來好像有機會，但只是曇花一現。至於化忌則是效果最差，甚至事與願違，除非是非常努力要求自己。這個方法是利用福德宮來決定運勢，為自己努力。除此之外，也可以利用四化來看自己在理財上，該抱持怎樣的態度，可以增加更多財源。以化祿來說，多方面尋找賺錢的方式會是好方法。化權則是無論是投資或事業，甚至是理財，都要在自己的掌控內，也就是只要是自己無法掌控的就不適合，例如一樣是投資，化權的人就必須真正可以介入公司經營，而化權也有「兩種、兩份」的意思，代表可以有另一個主要的收入來源。至於化科，則是容易因為追求流行趨勢，而擁有比較廣的人脈跟理財方面的知識，就可以避免人云亦云而有損失財富的問題。

紫微斗數的有趣之處，就是可以利用命盤找出好的運勢時機點，讓選擇權回到自己手上，所以如果有創業的企圖，就可以選擇福德宮有化祿化權的時機點。希望可以多些收入來源時，也可以這樣去選擇。當自己可以做出選擇的時候，就不只擁有節流的手段，還可以開源——當自己擁有選擇能力，能利用命盤找到好的賺錢時機點，就可以在投資理財或是創業上，甚至要求老闆加薪，都比較有機會成功。

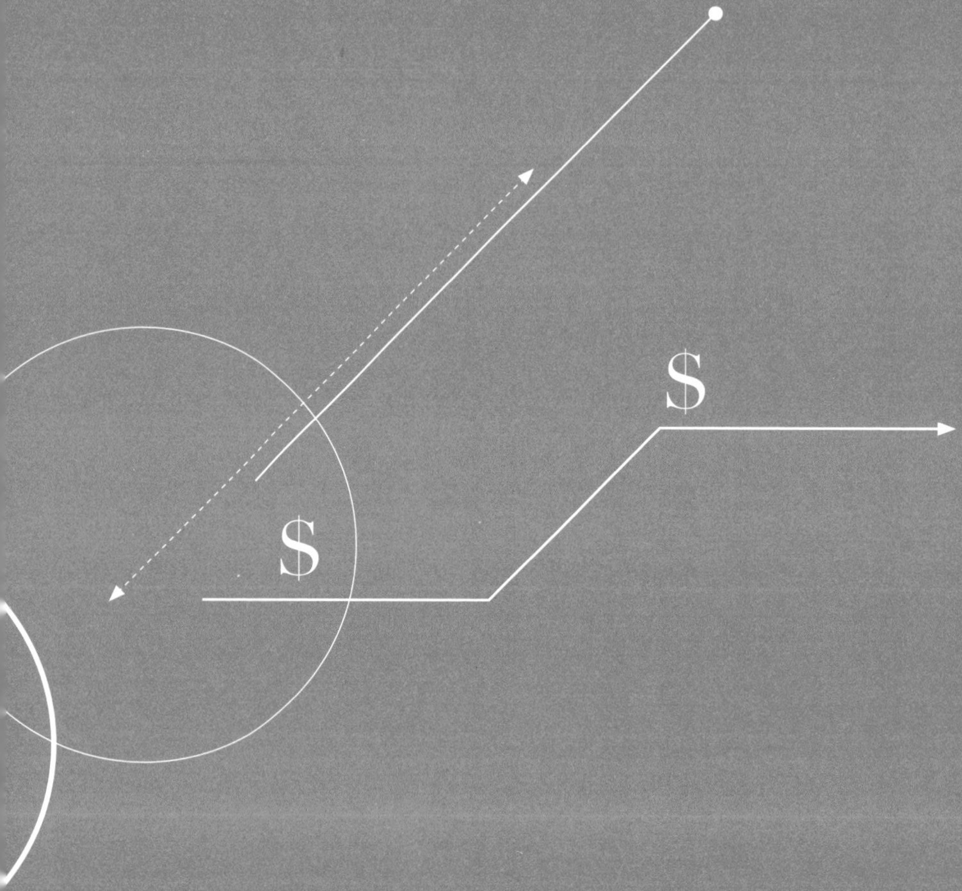

第四章

除了財帛宮2
不能不看的僕役宮

$

1

容易被忽略的僕役宮
人生的豬隊友與財運的好幫手

資本主義的社會中，人與人的關係建立在金錢的價值之上，金錢的產生與付出跟人脫不了關係，卻又是我們常忽視的地方。許多時候，我們的能力都不錯，但是無論再怎麼努力，總會遇到讓我們破財或是造成我們的事業出問題的人。不過，從紫微斗數可是能夠相當容易得知這些人是誰、為何財庫總是因為某些人而破洞，也能找出可以幫我們增加財富的人。紫微斗數中有幾個宮位代表他人，有代表感情對象的夫妻宮、代表子女的子女宮，還有代表家人的田宅宮、代表父親的父母宮，代表母親和同性別兄弟姊妹的兄弟宮，以及代表異性別兄弟姊妹，和除了家人以外，我們認識的人的僕役宮（圖八）。

圖八 六親宮位解釋圖

兄弟 媽媽、 同性別兄弟姐妹	命宮	父母 爸爸	福德
夫妻 感情對象			田宅 家人
子女 子女			官祿
財帛	疾厄	遷移	僕役 不同性別兄弟姐妹、家人以外認識的人

在這幾個宮位中，僕役宮最常被忽視。大多數的人問事，會從夫妻宮一路問到官祿宮、財帛宮，再順便問一下家人，最後的最後才會問到朋友、交友狀況，但是大家往往忽略了，田宅宮代表的家人、或其他六親宮位代表的父母與兄弟姊妹甚至子女，都是我們無法選擇的，真正能夠選擇的只有夫妻宮跟僕役宮這兩個宮位。

我們在感情上可以自由選擇（那種所謂前世糾葛、幾世姻緣，基本上是一種宿命論，並非不存在，但是也並非不能斷開，「錢是糾葛」才比較可能斷不掉），所以如果這是自己的選擇，還容易選錯，就要回過頭檢視命盤，看看自己是否有個性上的缺失，造成容易選錯人。尤其夫妻宮是官祿宮的對宮，直接影響工作。

用轉宮的概念來看，僕役宮則是官祿宮的父母宮（圖九）。我們說父母宮代表生出我們（命宮）的人，在運限中有時甚至代表社會或政府規範，以及頂頭上司，也就是可以決定我們職場生存的大Boss。因此以此類推，僕役宮是代表生活日常與工作狀態的官祿宮的父母宮，可見得僕役宮其實對工作有很大的影響力。用一句通俗的俚語來說，就是「在家靠父母，出外靠朋友」，可惜在家靠父母的時間不多，成年之後父母還要靠我們，所以只剩下出外靠朋友了。

圖九 僕役宮為官祿宮的父母宮圖

紫微斗數全書〈太微賦〉：「祿居奴僕，縱有官也奔馳。」

這句話說的就是有祿存星在奴僕宮，就算當官有地位，也要奔波勞累。人不可能單獨生活在社會中，家人之外所有認識的人都可以被認定為奴僕宮，許多排盤軟體因為「奴僕」二字不好聽，所以改成僕役宮或交友宮，卻讓這個宮位少了點深層含意，若回到奴僕宮的原意，更可以了解這句出自紫微斗數全書對於奴僕宮的看法。

紫微斗數命盤上的十二宮，基本上都可以視為我們的某種態度跟價值，以及相對應的能力狀況。運限盤上說的則是這些態度價值所造成的現象。所謂六親宮位，都代表我們跟那個人的關係，以及希望在關係中得到怎樣的對待。例如，夫妻宮內有紫微星，除了希望找到個性氣質像紫微般尊貴的感情對象，也希望彼此會將對方捧在手心。這種互相的心理關係，如同對人和善的人自然不會喜歡兇巴巴的人，愛恨分明的人很難忍受是非模糊地帶很大的人。我們對人的態度通常來自內心希望如何被對待，從這個角度來看，古人稱現代常說的交友宮或僕役宮為奴僕宮，是更加粗暴但真實，不過為了因應現代的使用習慣，本書將統一使用僕役宮的名稱。

人與人之間的對待關係，就像兩個人坐在蹺蹺板上，一個人用力坐下去，另一端的人就會被高高抬起，所以最好是彼此互相坐下來抬升對方，互相幫襯是最好的，可惜往往能互相幫襯的人很少，現實上不一定找得到真正這樣有來有往的人，所以僕役宮說的並非你把朋友當成奴僕，而是指自己願意抬升對方，去當人家奴僕，或者是即將當奴僕。想想僕役宮的定義，你願意付出，是否也該找到偶爾願意當你奴僕的人呢？否則就是自己單方面付出了。回到紫微斗數全書這句「**祿居奴僕，縱有官也奔馳**」，在命盤上，當祿存存在於夫妻、子女、僕役、兄弟宮，除了代表母親的兄弟宮，在兄弟宮代表兄弟姊妹的部分，這幾個宮位有祿存出現，都是指我們會為了對方付出，因此才會說「**祿居奴僕，縱有官也奔馳。**」一個人對朋友好，當他有名望有能力的時候，當然會更願意幫助身邊的人，也就需要奔波勞累。

可見所謂僕役宮的原始含意，是對於在古代社會體制下，人與人之間的關係更加寫實的反應，如同八字學上說的「我剋為我財」，我的八字剋你的八字，表示你比較容易為我所用、聽我的話、幫我賺錢，很真實的反應出人與人以金錢為結構的社會關係。由此可知，自古以來人與人的關係跟自己的工作與財運有極大的關聯性，只是到了現代，因為名詞的混淆以及社會教育氛圍的改變，讓我們少了這樣的想法。

而紫微斗數中，僕役宮有個很重要的看法，叫作「你貴我就賤」，人與人的相處如同蹺蹺板，如果我正在低潮，卻一直想結交達官顯貴，這不見得是好事，但這是很多人會犯的問題，自以為所謂人脈就是認識有能力的人、就是可以幫助自己、就可能遇見貴人，殊不知所謂貴人是**能真正幫助你的人**。很可惜的，貴人並不多，絕大多數都是同等級的人彼此幫襯。你的條件並不差，只是目前地位差一點，對方可以稍微拉抬你，並希望你會記得人情。但是如果彼此身分條件差太多，即使認識在高位者，也很難請他大力援助，甚至還要為此浪費許多金錢與時間。當年我做冷凍食品生意時，跟許多大通路合作，而且因為業績不錯，有許多機會跟這些大型通路集團的總經理、董事長等高層吃飯，但是我通常不參加，因為這類聚會常常只是許多人聚在一起，董事長頂多客客氣氣的打招呼，根本不會記得你是誰，在這種場合認識的人，能夠給予自己的幫助其實有限。不過，我很樂意參加基層員工的聚會。想一想，當商品在市場上銷售時，董事長通常是不會在現場的，但是現場員工卻可能在經過展示架時，幫忙留意你家的商品是否擺放好，或是消費者對商品有疑問的時候，他們會願意幫忙說兩句話，這就是對我最直接的幫助。因此，談到僕役宮，就是必須清楚知道自己身處怎樣的狀態，應該交往怎樣的朋友，到底在蹺蹺板的遊戲中，你是用力坐下去抬起別人的人，或者自己高高在上，總要人幫你抬起來，不但十分無聊也讓遊戲無法繼續進行，還是選擇一個可以跟你一來一往、彼此需要的人，讓蹺蹺板的遊戲進行得非常有趣？

本命盤僕役宮代表我們和朋友相處的基本態度，以及選擇朋友的類型，而運限盤的僕役宮則代表在那個時間點，我們所交往的人以及因為人際關係面臨的狀況，對應在工作與財運上，需要注意的幾個重點：

首先，是運勢狀況不佳時（自己應該可以感受到運勢狀況不佳），如果本命盤的僕役宮是紫微系列，如紫微七殺、紫微貪狼等等以紫微為主的星曜組合，或天府星、廉貞星的組合，都需要注意交友的態度，容易因為與朋友的關係，在資源已經不足的情況下，還要多浪費時間在這方面。如果是運限盤，則除了上述這些星曜，還需要注意是否有太多煞忌，或是僕役宮的宮干會讓財帛宮或是子女宮、田宅宮產生化忌（P.155圖十）。例如僕役宮的宮干是丙，剛好財帛宮又有廉貞，僕役宮就會造成財帛宮化忌，這都需要注意與朋友的往來關係。

若是運限不錯，覺得財運工作狀況也好，則只需要注意運限的僕役宮宮干是否化忌到本命與運限財帛宮或是子女宮、田宅宮，尤其是僕役宮內有煞忌的時候。當然利用這個原理也可以看出來，當運限不佳的時候，僕役宮能夠化祿給我們的命宮、官祿、財帛、子女、田宅宮，都算是對我們的財運有或多或少的幫助，這時只要僕役宮內沒有煞忌，尤其是廉貞、天相，基本上多結交朋友，拓展交友圈，對我們都是有幫助的。如果在運勢好的時候還能遇到好的僕役宮狀態，就表示能夠在財運跟事業上得到朋友的幫助，當然越拓展人脈就會越好，此時原本那些紫微系他貴我卑的星曜組合，就會對我們的人生有很大的幫助。

圖十　僕役宮飛化化忌到財帛宮示意圖

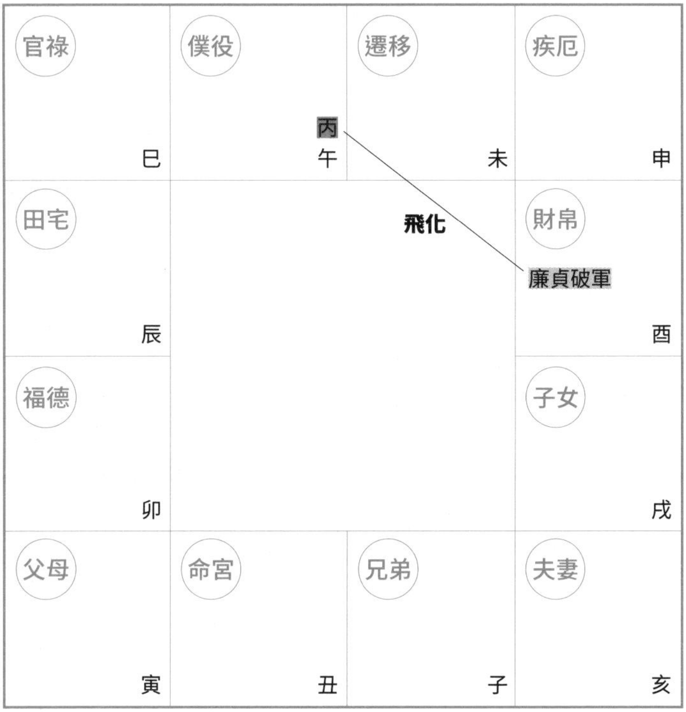

僕役宮因為是官祿宮的父母宮，而官祿宮的工作狀況影響著我們的財務能力，所以僕役宮也表示如果希望工作帶來好的財務能力，就必須先選擇適合自己、能夠賺錢的工作。如果你選擇的工作是為了夢想而非金錢考量，自然在財務上就不可能蒸蒸日上，因為每個行業都有一定的財務範疇。以台灣來說，從事外送行業，即便再努力，月薪頂多就是台幣十萬、十二萬元，如果希望月收入二十萬，也許就要找其他的方式或是多兼一份工作。在選擇工作上，如果是需要團隊合作的工作，接觸到的人會比較多，例如策展人、製作人、帶兵打仗的軍官、業務單位、工廠廠長等，因為具有需要頻繁跟人接觸的特質，所以僕役宮帶有屬水的星曜，有桃花、有祿，對這個人來說都是加分的；相反的，當然就是減分，因為人際關係不好，工作就無法順利，更別說可以從中獲利了。

飛化

前面提到由僕役宮檢視是否化忌到財帛宮的用法，稱為飛化。在紫微斗數中，這類飛化的用法，代表這個宮位（環境狀態）會影響另一個環境狀態（宮位），因此當僕役宮化忌到代表財務狀況、理財觀念的財帛宮、化忌到代表財庫的子女宮、田宅宮、化忌到代表工作狀況的官祿宮時，當然就需要擔心是否會因為交友問題、與人相處的問題而影響了工作跟財運。飛化的用法不只限於僕役宮，各宮位都可以這樣使用，因為在十二宮中代表人的宮位，都同樣有這些概念，例如夫妻宮化忌到財帛宮，表示這個人總會為了感情而影響理財用錢觀念，依此類推，如果是本命，就是總會受到家人、孩子、朋友等等人際關係的影響，而有破財的可能；如果是運限盤上的宮位有這樣的情況，就代表在運限的時間點內，財運會因為這些人而受到影響，例如流年父母宮化忌到流年財帛宮，就有可能因為父親而出現破財危機。這些都是在看財務問題時需要檢視的部分，否則就會出現光看財帛、官祿宮好像還不錯，卻不知道為何總是留不住錢，可能是因為一手賺錢，另一手就要把錢交給媽媽或女友。

所以，即使是第一次了解紫微斗數，也可以很簡單的利用前面說的方法，好好檢查本命盤，看看自己的人際關係是否有問題，容易因為太好心，無法拒絕別人而破財，或因為亂交朋友造成破財，又或是並不適合做太多與人接觸的生意或工作。也可以利用運限命盤找到僕役宮狀態，進而判斷需要注意的事情。

除了飛化的應用，紫微斗數利用宮位來討論所處環境，也利用星曜討論我們在環境內的態度，因此也有些星曜是代表人際關係的，例如廉貞、天相，而貪狼除了代表人際關係，還表示異性關係，這幾個星曜如果同時遇到煞忌在同宮或對宮，剛好又是在財帛宮，也要注意會因為工作上的人際關係產生財務問題；在子女宮、田宅宮時，則除了注意因為人際關係而破財，更要注意如果有合作、合夥關係，可能也會出問題，當然這都是在運限盤比較常見。

疊宮

紫微斗數中也有個重要觀念稱為「疊宮」，也就是任何運限的宮位都會跟本命的宮位有疊併的情況，本命代表先天的個性特質，屬於基礎底層，如同樓房的地基，而疊在上面的運限盤，則是因為這個原始地基而發生的問題現象，如同蓋在泥沙上的大樓會倒塌，是由於地基不穩定。因此，我們也可以從疊宮的角度來看事情發生的原因（圖十一）。

圖十一 疊宮示意圖

<table>
<tr><td>兄弟
大限財帛宮</td><td>命宮
大限子女宮</td><td>父母
大限夫妻宮</td><td>福德
大限兄弟宮</td></tr>
<tr><td>夫妻
大限疾厄宮</td><td colspan="2" rowspan="2">金色為本命盤 12 宮
黑色為大限盤 12 宮</td><td>田宅
大限命宮</td></tr>
<tr><td>子女
大限遷移宮</td><td>官祿
大限父母宮</td></tr>
<tr><td>財帛
大限僕役宮</td><td>疾厄
大限官祿宮</td><td>遷移
大限田宅宮</td><td>僕役
大限福德宮</td></tr>
</table>

如果在命盤上看到自己的流年財帛宮、田宅宮、子女宮這些對應了財運的宮位，剛好疊在本命盤上的六親宮位，可能就會因為這些人而產生財務問題，這是紫微斗數一個很重要的觀念。本命是我們的價值，在六親宮位上也可以說是我們對那個宮位的親屬朋友的感情態度，而這樣的感情態度影響了當下的財運情況，由宮位疊併的方式，以及財帛宮內如果有人際關係的星曜，都可以找出是因為什麼樣的人際關係，或是因為某個人，造成我們財務上的問題。

暗合

還有一個技巧是「暗合宮」潛移默化，默默的影響著我們的宮位。圖十二中，箭頭的兩邊指兩個宮位彼此暗合，因此如果命盤上剛好僕役宮跟財帛宮處於暗合的位置，便代表財務狀況會受到朋友影響，這時僕役宮內的星曜好壞就會默默的影響財運。例如僕役宮內有煞忌，表示自己是以很單純的感情對待朋友，說得更直接一點，就是常常會意氣用事。這時候財帛宮若是還不錯，例如武曲化祿，就很容易把錢會花在朋友身上。有時候本命盤上並沒有這樣的狀況，但是運限盤上有，就可以

圖十二 暗合宮示意圖

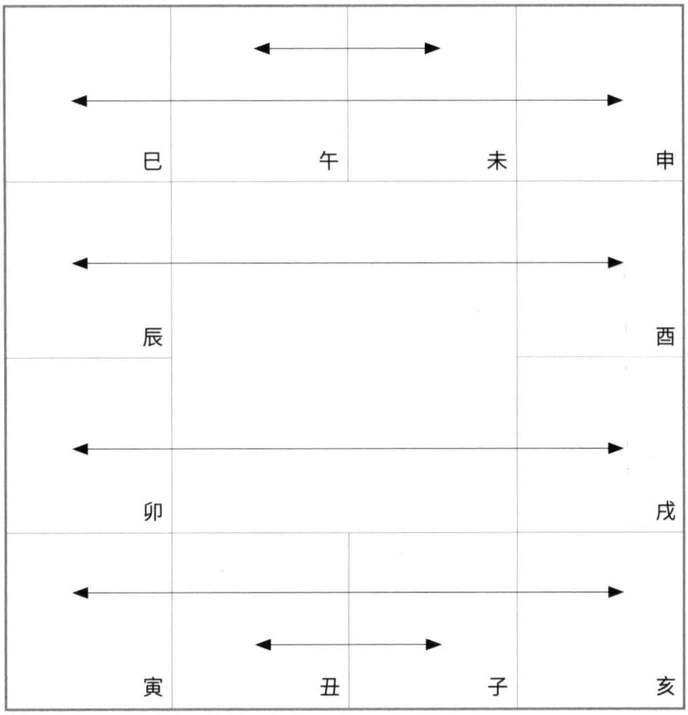

說平常花錢不會受朋友影響，但是今年卻不知道為什麼，常因為朋友亂花錢。如果是本命盤就如此，就要好好調整自己對朋友的態度。這個暗合宮對應六親宮位影響的財運情況，放在田宅宮、子女宮也可以如此使用，因為田宅跟子女是我們的財庫，如果暗合這兩個宮位，也會有類似的效果。

不過話說回來，凡事都有一體兩面，上述這些設定都可能讓我們因為他人的關係，而在理財上產生問題。但是，會讓我們破財，就是因為我們在乎那個人、重視那個宮位，也必然是我們投注心力在那個宮位上，只是可惜真心換絕情。也可能是我們所投注心力的這個人（或者這份關係對應的人），剛好時運不濟，連帶影響了我們。反過來想，如果我們愛著的是生命中的貴人，投注心力的是現在剛好落難被打入凡間，有朝一日將駕著七彩祥雲、身披黃金戰甲前來拯救我們的人呢？所以，前面說到的煞忌或飛化化忌造成我們的財務能力和財庫有損，其實可以換個角度想，這樣的觀念如果用在化祿，反而會變成人生的助力。

當六親宮位如果有宮干造成財帛或是子女、田宅等宮位內的星曜化祿出現，若在本命盤，代表有機會利用這些關係得到財富；若在運限盤，則表示在這個時間點內，有機會因而獲得錢財，或是有增加財運的機會。（雖然夫妻宮化祿進子女宮有感情升溫，增進性生活美滿的意思，但是感情好、性生活美滿，這樣身心靈合一的情況，也容易讓人有賺錢的能力不是嗎？）同樣的，如果是運限財帛宮、子女宮、田宅宮疊在本命的六親宮位上，而且有化祿或祿存出現，也表示會因為這些親屬朋友而有賺錢或拿到錢的機會。

暗合宮的用法也一樣，如果僕役宮有化祿、祿存暗合財帛宮，也指會因為朋友帶來錢財。至於財帛宮、官祿宮、命宮內有桃花的星曜化祿（天同、貪狼、廉貞化祿或者加祿存。天相、太陰、太陽、天府碰到祿存同宮），更表示會因為人際關係得到好處，而這樣的好處也容易轉移成財運上。所以除了需要注意人際關係帶來財務的問題，這些人際關係通常也可能是貴人，為我們帶來財運，甚至在我們處於危難時加以拯救。

2

人人為我，危難中可以幫我一把的貴人

人生難免會出現一些財務狀況，在此危難之際，總希望可以得到貴人的幫助，用命盤來看，會發現自己財運不佳的時候通常是在運限盤，如流年命盤或者大限命盤的財帛宮、或子女宮、田宅宮有煞忌，而且是在三方四正中有高達兩個以上的煞忌，尤其是**煞忌同時存在**。單獨的煞，有時候呈現出的是理財時個性太衝動，就是想衝衝衝；單純有個化忌在財帛宮，可能是心裡覺得好像錢不夠，並非真的沒有錢。但如果是煞跟忌同時出現，就真的有點困難了。

還有一種情況是，運限的財帛宮是空宮，沒有主星，並且有煞星在裡面，如果代表財庫的田宅宮也有煞星或化忌，就表示目前的財務情況可能不佳。紫微斗數的運限盤呈現的是當下的狀態，子女宮、田宅宮代表某種心理上的安全感，所以被稱為財庫。當具有安全感的房子（House，占星學將宮位稱為房子）內充滿了煞星，代表本該具備安全感的心房是不安的，當然就表示可能沒有足以讓自己安心的財務，並呈現出當下的財務情況。以傳統華人的說法，就是財庫破了。主掌理財的財帛宮有衝動的星曜，財庫又破了，當然是目前財務出現問題。這時會需要有個可以伸出援手的貴人，無論是物資的資助，借錢來周轉度過難關，或是投資公司，都可以透過命盤找到一個尋求支柱的方向。

前面提到，僕役宮是彼此的互相關係，如同人生中的人際關係，都是有來有往的。紫微斗數做為人生攻略計畫書，除了教我們了解自己，當然也有明確的方式可以找出誰會在困難的時機點給予幫助。前面提到可以利用疊宮、暗合宮、飛化的方式，找出是誰讓我們的財運出現問題，也可以找到是誰會給予財運上的幫助，將這個方式再擴大應用，就可以知道，當發現財務出現問題，需要尋求幫助的時候，也能透過命盤找出對我們理財有幫助的人。例如運限財帛宮出問題，但僕役宮暗合了財帛宮，而且僕役宮有化祿或者祿存；或是運限田宅宮出現問題，但是運限田宅宮卻疊了本命的夫妻宮，剛好也有化祿或者祿存；或是財帛宮出了問題，卻有兄弟宮的宮干造成財帛宮化祿。因為理財狀況出問題是一種現象，現象要看運限盤，所以這些都是發生在運限盤出問題的狀況下，卻看出有某個親屬朋友會給予財務上的支持，就可以向他尋求幫助，暗合僕役宮時可以找朋友幫忙，疊了夫妻宮時可以找另一半，飛化化祿給我們的是兄弟宮時，可以找兄弟姊妹或者母親，他們通常會比較願意給予協助。

除了親屬人際關係的宮位上有化祿或祿存，代表那個人會給予我們幫助之外，星曜上如果有天梁星、廉貞星、貪狼星、太陰星、天同星、武曲星出現在僕役宮或是親屬宮位上，也或多或少會給予幫助。因為紫微斗數中有個很重要的觀念「祿隨忌走」，概念是化祿是命盤上本來不屬於你的東西，會因為你在這個宮位的努力與付出，而增加出來豐富你的生命；化忌則是自己不安與空缺的地方。人生總是在生命的豐富與空缺之中不斷追求平衡，上天也會給予我們用富足之處去彌補不足的機會，可以說是大自然宇宙法則投射在人生的具體表現。化祿或者祿存在運限盤上的六親宮位，通常是你願意為這個宮位上的人或關係付出與給予，讓自己與這個宮位上的人增加緣分，當危難出現時，因為你的付出而增加的緣分，就會用各種方式幫你填補自己的空缺，這就是所謂「祿隨忌走」。透過這樣的觀念，既可以知道誰會幫助我們，也可以找到能夠幫助我們的人。當然有人會想，自己平常對朋友都很好，為何發生事情時卻沒有人肯幫助？這就有幾個情況：首先，你對朋友真的很好嗎？還是這只是你的自以為？再者，既然每個人都有可能剛好因為運勢問題發生財務狀況，當然人際關係也可能因為運勢問題而緊繃，最後，每個人對朋友會給予財務幫助的期待有所不同，有些人覺得如果不是拿出錢來借就不算幫忙（會這麼直接的大概只有天梁跟武曲化祿），有些人卻是只要朋友的一句關心，都能感激萬分。但是在人生遭遇困難的時候，即使是一點點的幫助、一句小小的關心，我們都該珍惜。即使接受的只是一點點的小幫助，但如果能抱持感恩的心，願意持續為朋友、為身邊的人付出，當運限轉動，終將會讓我們得到眾人的支持。

此外，很有趣的是，從紫微斗數還可以看出會幫助你的人的形象與條件。剛剛提到，當宮位化祿或有祿存出現時，可能用疊宮或飛化或暗合來影響你，而紫微斗數中每個宮位都有相對應的地支，也就是華人的十二生肖，找出給予我們化祿或祿存的宮位是什麼地支（生肖），以及他的對宮生肖，就是那位可能幫助我們的朋友的生肖。例如財帛宮有問題，而流年僕役宮宮干化祿給我，原理上我要尋求朋友幫忙，這時流年僕役宮的地支是午，那我該找屬馬的人，對宮是子，或是找屬老鼠的人。如果僕役宮剛好疊著本命或大限的官祿宮，則這個屬老鼠或屬馬的人，應該是工作上的夥伴。如果宮位內的星曜屬陰，例如紫微是陰土，則這個人應該是女性。用這樣的方式找出相關的人，條件越接近，成功率越高。再更深入一點，還可以利用宮內的星曜找出對方大致的長相，以及與你的關係。例如太陽應該是上司，而且是努力工作、任勞任怨的男性上司。對於星曜不熟者，至少也能找出生肖對應（圖十三、十四）。

圖十三 命盤十二宮地支與生肖圖

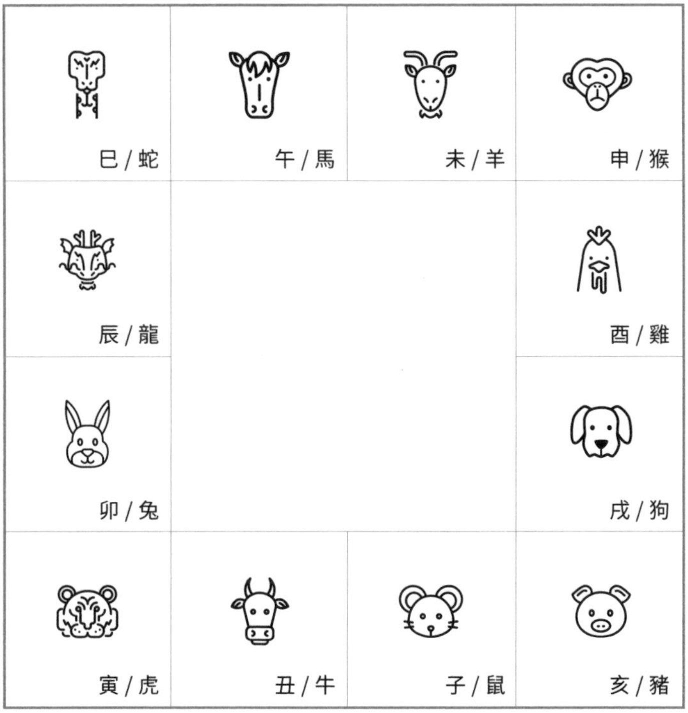

圖十四　十四主星陰陽與五行屬性圖

名稱	陰陽
紫微	陰土
天機	陰木
太陽	陽火
武曲	陰金
天同	陽水
廉貞	陰火
天府	陽土
太陰	陰水
貪狼	陰水、陽木
巨門	陰水
天相	陽水
天梁	陽土
七殺	陰火、陽金
破軍	陰水、陰金

紫微斗數中還有討論人與人之間關係的方式，就是某人對你的影響。只要利用他的出生年天干，就可以知道他對你命盤（人生）的影響。當然必須建立在你跟他之間存有某種實質關係的基礎上，否則依照命理邏輯推算，日本著名AV女優明日花綺羅可能會瘋狂愛上我，但現實上並沒有發生，所以用生年去看他人跟你的關係的前提是，這個人務必在現實生活上跟你有聯繫才算數。當我們跟這個人在生活中有聯繫，就可以用他的出生年天干，看看是否會造成我們在財帛宮或者命宮有化祿出現。

例如某人是一九七九年（民國六十八年）生，他的生年干支是己未年，生年天干為己，斗數的四化是武曲化祿，而武曲剛好在我的流年命宮，那麼他就會是那位願意在財務上幫助我的人。這個找出對方生年天干的方法，可以收看筆者的Youtube免費教學影片，或者查一下農民曆就可以知道。所以如果你需要找一位屬馬，且是工作上的上司，卻實在找不到時，也可以看看是否有哪位工作上的上司出生年天干有化祿給你的命宮或財帛宮。或是如果無論用疊宮、暗合宮、飛化等技巧都找不到相對應可以給予幫助的親友關係，單純的從身邊朋友之中尋找出生年可以化祿給你的人也行。不過有個小技巧是，真正給予金錢的幫助大概只會是**武曲或天梁化祿**，其他的化祿比較接近給予關心（例如太陰、巨門、天同），給予人脈關係與人生意見（例如廉貞、貪狼、太陽），透過這樣的方式，可以實際找出有財務需求時會幫助自己的人。

我們在紫微斗數盤上可以找到，自身的努力與平時的付出，以及累世的善心福報，無論是觀念心態，或是老天因為我們累世積善而給予的幫助。但是，會不會有完全找不到的情況呢？當然也可能。這時候或許就該審視自己平日的人際關係，或該想想也許老天是要告訴我們，該結束這公司，別再堅持下去，更有可能這原本就是你未來更大發展的考驗跳板，畢竟有些時候功課還是要靠自己寫，考試還是要靠自己來，不能只想著會有人遞小抄。

我無論在上課或是諮詢中，常遇到客人或學生問起如何找到貴人。其實真正了解紫微斗數命盤的人，就可以知道貴人是靠自己創造的。雖然不可否認，少數的人可能天生有貴人不斷的幫忙，但這何嘗不是他前世為自己累積的好緣分呢？所以，與其不斷尋找身邊是否有貴人，用心學習讓生活變得更好，希望賺錢就要學習賺錢的知識，才是真正的重點。人生中能夠給予幫助的人際關係，要不就是之前的付出（有可能是很久之前的前世），更多是如同前面所說的僕役宮，這是一來一往的彼此關係，你幫我我幫你，人為我我為人，才能夠讓人生隨時有願意幫助我們走遠一點，幫助我們搬開擋路大石的人。

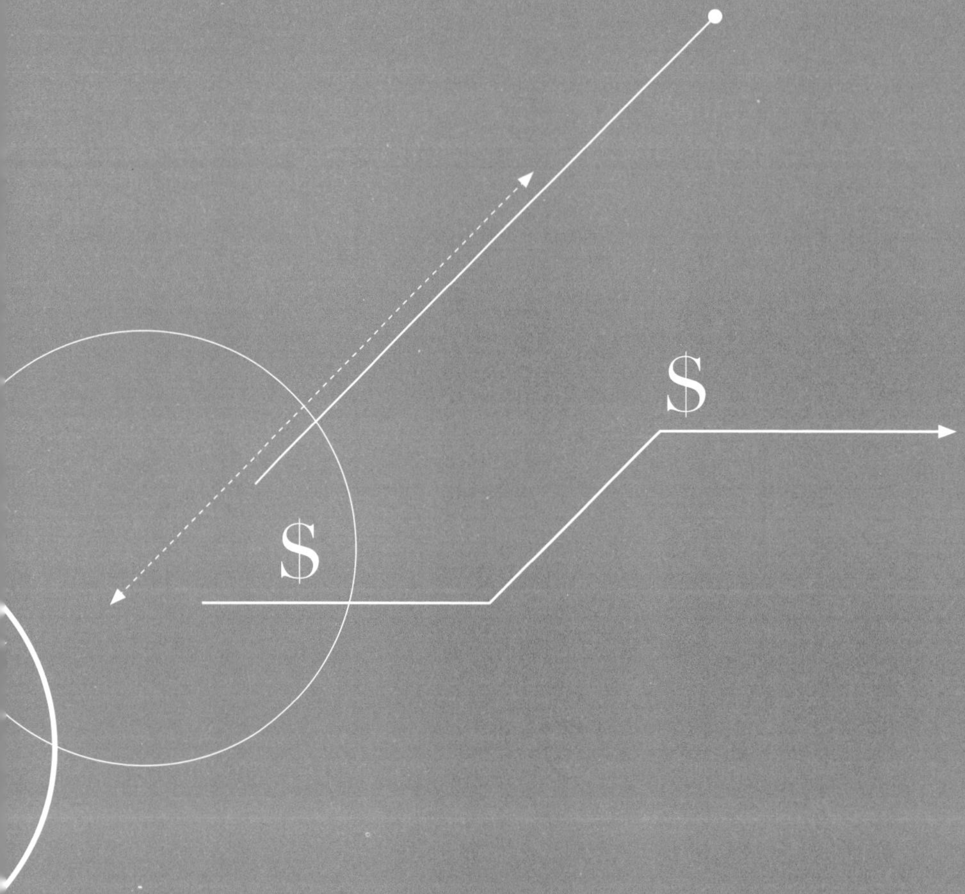

第五章

脫貧改運守則

1

了解自己才能賺錢

前面提到，因為文化的關係，絕大多數的華人在就學期間，甚至入社會後，都有某種反商或厭惡金錢的心態，可惜我們根本無法脫離金錢的束縛，隨著年歲增長，會越來越覺得擁有賺取財富的能力非常重要。我們從前來尋求命理諮詢的人可以發現，年輕時問的常是愛情，年過四十歲以後，財富就成了重點。

一個人是否能夠賺錢，或是不用受金錢的控制，在生活用度上無須綁手綁腳，一方面當然是因為運勢問題，抓得一手好牌也需要後續有好的胡牌機會，但更多時候是根本不知道手上的牌該怎麼打，不了解自己適合怎樣的理財模式，因為絕大多數人原本就不了解，當然無法有好的知識分享跟傳授。

華人傳統命理學通常會以陰陽五行論斷適合的賺錢方式，例如命格屬金適合當兵，或者命中帶火可以開餐廳。然而，五行結構出現的年代久遠，單純用五行論法，其實很難用五種分類概括所有的工作。即使加上陰陽的變化，甚至加上兩個五行的生剋，都無法應付現今社會的職業情況。而紫微斗數利用星曜的解釋，組合出來的變化會比陰陽五行多一點。不過但很可惜的是，許多命理師也容易掉入利用星曜，再回到用星曜五行解釋的窠臼，因而會有七殺屬金適合武職這類說法。實際上，做職業分析時，這樣的分類從根本上就是有問題的。

若說屬金適合從事金融業，可問題是金融業的範圍很廣，你做的到底是金融業裡的業務，還是金控集團的保全，或是投資銀行家，或者地下錢莊的討債打手，還是金主呢？光一個金融業就有許多工作類別，怎麼可能只用五行去解釋呢？又如屬火適合開餐廳這個說法，說的是適合自己開，還是投資別人開餐廳？餐廳生意需要人和，無論是對待員工還是客人，屬火的人就某個層面來說，容易有個性火爆的問題，這類人的人際關係會很好嗎？還是只是因為煮東西要生火所以適合火行人？會有這樣的解釋，通常是因為命理師學藝不精，或是只因自身如此認為，就給了一個簡單平面的答案，卻不深究是否合理，不考慮諮詢者的心靈層面所需。就像「罄竹難書」這個詞，說的是古代用竹片書寫，而且竹子都用完了，還是寫不完，我們難道可以用來說一個人做過的善事罄竹難書嗎？這是完全不對的，因為這個成語只用來指罪狀極多。語文會有字面之外的內在含意，命理學也是如此，生活上更是如此，但是我們卻常有錯誤的解讀。

除了命理上的解讀錯誤之外，另外一方面是我們無法將一個人適合的工作（官祿宮）跟適合賺錢的方式（財帛宮），甚至是自己的個性（命宮）區分開來。有許多人諮詢時會問「我適合什麼工作？」其實是想要問怎樣才賺得到錢。會有這樣的問法，根本原因是我們無法分清楚這有什麼差別。還有就是傳統命理師給你的答案跟回饋，讓你覺得應該這樣問，所以常會忽略一個人適合的財富的取得方式，應該從他適合的工作、個性以及理財邏輯去分析。

因此，我們首先要了解命盤上對於工作的解讀該用什麼角度去看，無論是傳統八字使用的陰陽五行或紫微斗數的星曜，其實解釋的都不是簡單的行業分類，例如運輸業、金融業這樣的分類方式，而是以工作內容與獲利模式來分類。例如，我們說一個人命格屬火，具備熱情跟爆發力，那麼他適合的工作就是較快速或需要熱情的，如果要創業，與其經營燈光好氣氛佳的音樂餐廳，可能不如在夜市擺攤。同樣的，以紫微斗數來說，一個人的財帛宮如果有天同星，就適合輕鬆簡單，利用豐富的學識賺錢的工作，無論是哪一個行業，只要是這樣的工作性質，就適合天同星，而不是用行業來論定。許多書籍會說天同、太陰這樣的星曜不適合創業，但實際上有許多餐廳老闆卻是天同星坐命或在財帛宮，因為天同的人愛吃，在餐飲上自然比較有品味，而且好相處不與人計較的個性，也很適合從事服務業，不是嗎？更別說他具備了願意充分授權（因為懶散的個性）以及好人緣（身邊容易聚集好夥伴），還有願意吸收各種知識，不會有太多自我立場的個性（可以隨市場變化），很適合當飯店老闆。但是這類星曜卻因為個性跟傳統認知的商人需要鉤心鬥角，需要殘忍心狠，而被摒除在外，這完全是命理師的生活經驗不足所造成的謬誤。

我們在判斷適合自己或者說能讓自己如魚得水的賺錢方式時，應該用這樣的方式思考，才能夠找到好的方向。以我自己的經驗來說，我在大學剛畢業就進入家族企業，面對看似旺盛其實百病叢生的公司，憑藉著對於市場的預測，在短短三年內將家族企業從兵敗如山倒（原本八十家分店萎縮至不到十家），救回成為冷凍調理食品市場的龍頭企業，自己開設的餐廳也在短短三年內成為業界數一數二的指標企業，所依靠的都是對於市場的預測與分析能力，因為比市場上其他對手先行一步加以分析，讓我總是可以提前布局，搶得先機。但又因為不善交際與人情世故，最後仍被趕離公司，這就是因為我誤以為自己有才能擔任企業老闆。雖然我具備身為企業老闆所需要的預測市場的能力，但是這樣的才能從事命理師行業更為適合，因為命理師可以孤軍奮戰。但是對企業老闆來說，除了單純的預測能力，真正重要的，是要有調和人事、整合資源的能耐。我相信很多人都有這樣的經驗，可能因為社會觀感，因為親友長輩的價值觀，而選擇了並不適合或不喜歡的工作；或是因為環境，陰錯陽差的踏進不適合的行業；更多的還有因為誤解了自己適合的工作，在跌跌撞撞之後，才能重新認識自己，了解自己真正適合的工作。

了解這樣的思考方式之後，就可以依照前面所說紫微斗數各星曜在財帛宮的特質，選擇工作內容，才能真正找到適合自己的工作，在工作崗位上獲取足夠的利益。但這還只是基本的用法，更深入的判斷還需要注意幾個事項，本章將加以說明。

2 個性特質是否適合

許多人在一開始選擇職業的時候，往往很茫然，畢竟從小就是依照長輩的意見或根據社會上的道聽塗說而決定方向，比如說最近菜市場婆婆媽媽流行什麼、網路上的風向，或是哪個親戚朋友的小孩的發展，通常比較少會有自己的想法。依照紫微斗數命盤來看自己的個性特質，是個很好的方式，按照本書前述的福德宮與財帛宮星曜特質，我們可以簡單的判斷適合的職業。（如果還不熟悉星曜的話，一時之間可能無法馬上很清晰的根據星曜特質做出選擇，建議多觀看我的Youtube免費教學影片、部落格文章，甚至看書研究，都有所幫助。）

首先，看完星曜的特質之後會發現，每顆星曜就像一個人，各有個性，再想想這樣個性的人適合什麼工作，例如貪狼星是慾望之星，一個對金錢很有慾望的人，他的工作不可能是一成不變或是追求穩定的狀態，所以就該找能讓自己有很多機會的工作。同樣從事金融業，對他來說，業務性質的工作就會比幕僚工作更適合。如果是對宮是武曲的貪狼，就適合靠專業技術來支持對於錢財的慾望，因此一樣在金融業當業務，就應該偏向有專業技術的業務。用這樣的基本邏輯思維就能為自己找出適合的行業。

還有一種情況是，已經知道自己想做什麼行業了，例如從小嚮往藝術工作，但是財帛宮是天府，對宮武曲七殺，有著一步一腳印且擅長規劃工作目標的特質，怎麼看都跟藝術無關，這樣的特質當然不能說一生懸命，硬是要朝藝術家的目標發展。如果以賺錢為目標，又對藝術如此熱愛，不妨試試藝術品仲介買賣的工作，或許會更加適合。因此，如果已經有個目標，就可以依照自己的特質去尋找相關行業中適合的職位。這樣的觀點還會運用在一個狀況：有些人可能面臨中年失業，或是因為家庭婚姻等各種情況，必須在人生下半場重新選擇行業，這時就要考慮某些工作是否適合，例如天梁星，傳統上會說適合當醫生，但實際上年近四十要當醫生並不是容易的事。當我們必須在可能範圍內做選擇，就可以依照星曜特質選擇適合的工作崗位。如果天梁的對宮是天同，從事公益募款的工作或身心靈工作者，或是保險業務員，都是好選擇，因為這些行業都符合天梁希望助人，天同希望可以錢財輕輕鬆鬆進口袋，並且願意為了這樣的目標奔波。

我們常說向神明祈求的時候，有個很大的重點，就是要把願望說得很清楚，說得越清楚，神明越能夠給予幫助，這一點跟西方身心靈界流行的向上天下訂單、祈求高我的引導、吸引力法則等等的看法其實是一樣的。古人用一個神明的形象，讓人產生目標，現代人覺得神明是迷信，改用一些新名詞，或是用外星人代替，感覺好像比較科學跟現代，其實真正的目標都是透過某種儀式跟信念，為自己訂下清楚的目標與方向。重點在於這個清楚的目標跟方向，因為絕大多數的人都不太能夠把方向跟目標說清楚，更別說擬定完成目標的計畫了，就好比希望可以抓到一隻老虎，但是一想到自己手上只有一顆貢丸，連塊可以吸引老虎的豬肉都沒有，想著想著也就放棄了。但是當我們清楚的訂下目標：我要抓老虎就需要有豬肉，要有豬肉就需要有豬，光有豬肉貢丸是不夠的。要有野豬可能需要一隻野狗吸引牠，要有野狗就需要隻兔子或老鼠，我手上只有貢丸，兔子不吃，但是有機會吸引老鼠，因此不妨從抓老鼠開始，這樣就簡單多了。可惜大多數的人並不會這樣慢慢思考。向上天祈求的這個過程，之所以需要你把目標說清楚，就是因為清楚目標之後，就可以為自己找到方向，無論這些外星人與滿天神佛是否聽見，至少你自己聽見也了解了，甚至會知道該如何完成，或者根本無法完成，可以選擇放棄，免得浪費時間。

3

個性與時機衝突時該怎麼辦

紫微斗數命盤可以幫助人找到自己的目標跟方向，透過前述的層層檢視，可以了解自己是否找到對的方向。除此之外，還能找到對的時間點，例如目前想要創業，卻剛好遇到財帛宮、福德宮充滿煞星與化忌，就不是個好的時機點，如果宮位內剛好是陀羅星或空劫星，這時更應該思考，也許我們看到的其實是一種錯誤的認知，需要好好規劃才行。

很多時候我們會有自己的想法或個性相衝突的問題，這是因為我們的天生能力與特質會因為環境不同，而使想法有所改變，甚至忘記原本就具備的特質能力，或是錯判適合的事。就像前面說的，我誤以為自己會是很好的企業主，卻忽略了真正的企業主所需要的能力。

也有的人因為一時走好運，忘記評估自己是否適合，例如可能因為認識一位擅於投資的朋友，跟著一起投資房地產賺了錢，就以為自己適合投資房地產。會賺錢可能只是因為運勢，好運會來，也會過去，過了之後不再有這麼好的運氣，就可能導致兵敗如山倒。我曾有很長的一段時間從事餐飲業，就常看到這樣的案例：開店後忽然熱門，大賺了一兩年後，熱潮一過，接著就開始賠錢，甚至把之前賺的錢都賠了出去。這就是因為人會受到時空環境影響，有時只是因為運勢，會有一段時間忽然賺大錢，而不是這個行業適合自己，一直都能賺錢。這樣的狀況，我們該如何分辨呢？

如果紫微斗數中的本命盤指的是我們天生的特質，運限盤是時空環境給予的機會或改變，那麼便能利用紫微斗數輕易分辨天生的本質是否跟目前的狀態有衝突，或是找到彼此協調的方式。最基本的概念就是：需要先找出內心真正喜歡的事物。許多人窮其一生都無法知道自己真正喜歡什麼，但這是非常重要的事，如同前面所說，希望上天給予幫助，你也需要清楚知道自己的目標，找到真正喜歡的方向，遇到困難也比較容易克服。有許多人來諮詢命理的時候，都希望我們直接給予建議，告訴他應該從事什麼行業、做什麼事情，如果最後得到的答案是建議他仔細想一想，他通常會訝異為什麼一個還算有名的命理師會叫他不用思考五行，也不給直接的建議叫他去考公務員或開餐廳，而是希望他想一想？若能夠真能仔細想想，最後總會明白我給出這樣建議的原因，如果連自己都不清楚內心的需求，又該怎麼面對未來的困境，又該怎麼利用當下的時空環境呢？如果只是單純希望命理師給予建議，那命理師不就等於你的另一個鄰居或長輩，告訴你現在該做什麼一樣？自己內心喜歡的事會對應命盤，那才會是你真心希望要做的事。我們甚至也可以發現，會在人生中成功的人，幾乎都很清楚知道自己該往什麼方向努力，無論他是天生如此，或是在跌跌撞撞之後才找到方向。

所以，實際諮詢的過程中，我寧願花上許多時間引導，陪著命主討論他對自己的期待、對生活的看法，最後才能找到真正的方向，再依照命盤上星曜的特質與現實狀況做出分析。例如有個命主喜歡做菜，但是家人希望他當公務人員，而目前他覺得當公務人員對生活的經濟需求無法有更多幫助，我就會建議他試著發展自己可能的廚藝專長，但是因為公務員身分無法從事副業，更別說是開餐廳，那麼就可以依照命盤的訊息分析，或許可以把廚藝教給老公，讓老公製作後在網路販售，一步步找到適合的方法。

在這個論命過程裡，我所做的是先了解需求，有本命盤的財帛宮、福德宮的需求，也有運限盤的財帛宮跟福德宮的需求，如果發現本命的個性不希望創業，但是運限想創業，就需要知道運限一旦過了，這個念頭可能會消失，因此需要從兩個（本命跟運限）財帛宮上去找出最大公約數（圖十五）。本命盤上的宮位會是天生擁有一輩子的能力跟特質，當與運限特質相衝突，其實應該**回歸本命的特質，以本命盤為基礎，找出在運限中適合自己的方式**。例如本命財帛宮太陽對宮天梁，希望的來財方式是能同時讓自己有一定程度的社會地位跟身分，並且能夠發揮幫助人的能力，而運限走到財帛宮巨門對宮天同，即使這個巨門因為是白天的太陽，不是太沒安全感，也絕對不會是本命太陽那種希望自己的工作能夠光輝燦爛的，不過還好對宮的天同算是人緣好的星曜，可以在這個時間點上選擇同時具有太陽跟巨門特質的工作，與人溝通，善用天同的桃花魅力，加上天梁讓人安心的特質，如果是改行經營一間養生餐廳或從事保險業務，都會是好的選擇，當然也要看本身喜歡的方式。

利用條列的方式，寫出星曜的特質，加上自己的想法以及現實環境中可能的工作，交叉比對之後，就會找出適合的方向。

圖十五 三個圈圈交集圖

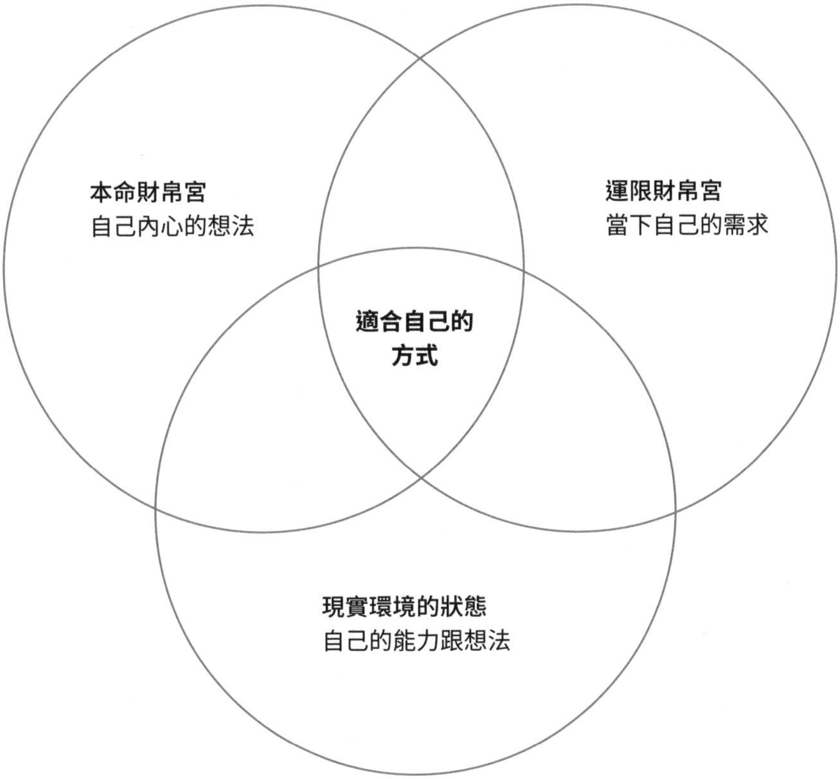
本命財帛宮
自己內心的想法
運限財帛宮
當下自己的需求
適合自己的
方式
現實環境的狀態
自己的能力跟想法

4

人生是否有投資賺錢的機會，怎樣的理財工具適合自己

如果單純從投資理財的角度來看財帛宮跟福德宮，該如何利用宮位內的星曜判斷呢？其實還需要另外考慮「田宅宮」這個在紫微斗數中屬於財庫的宮位，因為單純的投資理財，重點是錢能夠真正落進口袋，否則容易成為紙上富貴，財帛宮當然有理財賺錢的含意，但是也包含了花錢，所以判斷錢財是否真的能成為自己的財富，還要參考田宅這個宮位，然後才思考適合的投資理財工具。

第一項，從投資理財的角度來看，如同選擇適合的賺錢工作，投資工具也要依照自己的用錢習慣做選擇。就好比減肥，對某甲而言好用的方法，不一定適合某乙，因為某甲身邊都是愛好運動的朋友，而某乙活在一個充

滿吃喝應酬的環境，兩個人的環境不同、個性不同，減肥的方法一定不會相同，這也是為何少吃多運動的減重法則，不見得對每個人都有用，究其原因，並非對有些人無效，而是實際上少吃多運動對每個人的定義都不同，因此需要一套適合自己的方式。就好比近年流行的專業健身教練推動各類健身活動有很大的成效，因為量身訂做的運動計畫，使更多人可以利用閒暇之餘，打造出過往社會上很少看見的健美身材。在理財上也是如此，需要依照各人的用錢習慣以及運勢狀態量身訂做。

第二項，利用紫微斗數命盤上的兩種訊息來判斷該使用什麼投資工具來累積財富，其中一個就是本命財帛宮的星曜特質，還有運限財帛宮的星曜特質，透過交叉比對找到我們對投資的心智狀態。另外一個是當下的財運狀況，這時需要利用運限的財帛宮以及子女、田宅宮這兩個代表財庫的宮位。

就第一項來說，可以先將大多數人了解的投資工具分成幾個類別：

①穩定投資型

對華人來說，因為現在的儲蓄利息太低，買房子會是首要選擇，再來是穩定的股票跟保險。不過，許多人嘴巴上說買房是為了穩定，內心卻想著等待房價上漲，大賺一筆。所以必須面對自己：你對買房的希望是什麼？至於股票與保險，基本上保險是最低的底線，真的很穩定，但確實獲利也不高，而穩定的股票其實只要做點基本功課，大致上都找得到，觀念上要找的不是股價上漲而是公司穩定的獲利，就像是找個可以穩定賺錢的人，幫忙自己賺錢。

②希望投資有不錯的獲利型

相信絕大多數這一類人的想法，是不求大富貴但也想賺個小錢，只不過這個小錢隨著股市與房市的熱潮，還有媒體的推動聲量而變得越來越大，內心的夢想也就越來越大，嘴上不說卻默默希望自己可以變成股神。這樣的投資方向就很多了，可以創業，可以投資朋友開店，可以投資好的股票，可以投資房地產做包租公，方向十分多樣。

③ 希望自己就是投資天王型

比較少有人敢說出這樣的真心話。真正會直接這樣說的，通常是財帛宮帶了煞星，使用的投資工具跟上述第二種相同，再加上更多風險性投資工具。

上面三種基本的投資工具簡單分類，越高額的獲利回饋，風險就越大。越高風險的投資成效，越考驗我們對投資商品的認識，以及自身的運勢狀態。

就上面的分類來說，第一種穩定乖乖牌的投資態度，這類人本命盤的財帛宮，大致上會是太陰、天同、天梁、太陽，甚至是巨門、天府，廉貞化祿或者加上祿存，並且沒有煞星或陀羅，對於任何投資都抱持著小心翼翼的態度，即使因為運限的關係，運限財帛宮出現煞星或化忌，也會建議盡可能尋找穩定的投資方向。就算受到運限影響，希望可以賺點外快，也會建議先求穩定，再撥出一部分資金做稍有風險的投資。至於是否投資房地產，需要用買了房子至少可以自己住的心態。坦白說，這樣的路線，除了前面說的好好找好股票以及保險之外，房地產對華人圈確實相當適合，但是不能想著要賺大錢，因為如果天生的特質出現不同的想法，通常是受到煞星影響，就像一個長年對愛情保守乖巧的人，忽然間想當花枝招展的萬人迷，結果如何可想而知。

如果是第二種，期待因為投資多賺點錢，這類人最需要的是有充分的投資理財知識，多花點時間用功了解投資工具，並且可以搭配運限做長時間的投資規劃，利用前面提到好的運限財帛宮狀態，找到好的時間點，在福德宮清醒的狀態下找出好的標的物，做長時間投資，並且搭配自己喜歡的原則，選擇喜歡的投資工具以及投資的公司，基本的邏輯就是：如果自己不喜歡（無論是投資工具或投資的公司），基本上就無法讓自己深入了解，這其中包含創業，當然就更需要了解自己的喜好跟需求，需要擁有更多的相關知識，最重要的是要再加上紫微斗數盤上是否有創業的跡象出現，例如命宮或是財帛宮有化權或化祿，才會建議往創業的路線發展。如果是合夥創業，還要看運限的田宅宮是否有煞星，如果有，不建議合夥，因為在創業過程中會產生很多困難，好的運氣與心理素質相當重要，甚至超過擁有產業知識，這些都可以利用紫微斗數命盤為自己挑選好的時機點。

最後一種期待可以縱橫股海成為股神的，這類的人通常會遇到的星曜，大致上會是七殺、破軍、貪狼、廉貞以及天機這種組合，還要搭配上煞星或化忌，這類星曜主要在於自己的個性敢做一般人不敢的事，這樣的心態當然也是發大財的心態，但是勇士往往都是烈士，成王敗寇是天地道理，不過成王的極少，敗寇的滿地，才是真正的天地道理，畢竟王只有一個，但寇到處都是。王與寇的差距中，最重要的就是專業知識，需要有高度專業的知識才能做出精準的投資。除了專業知識，紫微斗數當然可以給予相當程度的幫助，這一類的投資，需要更多的專業知識，也更需要清醒的腦袋，所以可以利用紫微斗數的運勢命盤找出自己腦袋比較清楚的時刻，進而做出好的選擇。簡單來說，如果財帛宮、福德宮內有陀羅星、有化忌，這時做的決定要多加思考；如果是天機、巨門、廉貞、太陰、武曲、紫微，這一類的星曜更需要小心翼翼。如果是整個流年或大限命盤都處在這樣的狀態，除非真的藝高人膽大，錢多沒地方花，否則還是選擇前面第二類比較實際。最後還要搭配上子女宮跟田宅宮，才能真正確定是否可以把錢留下來。

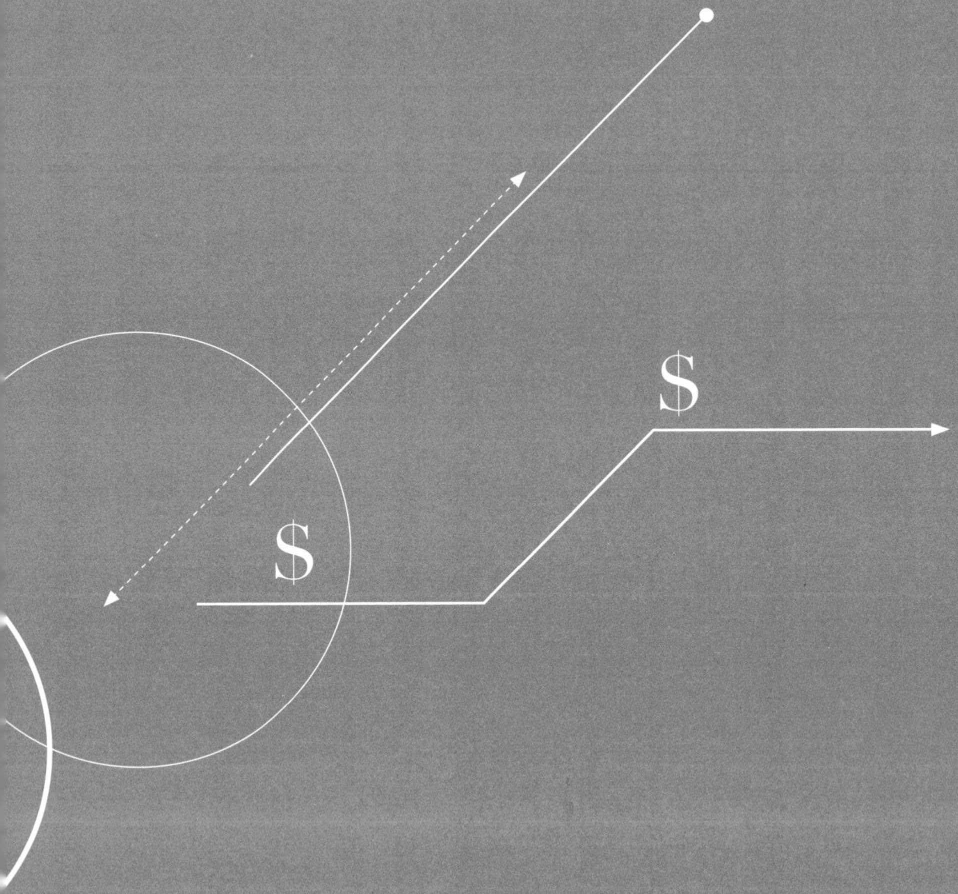

第六章

財富落袋為安，必看田宅宮

1

廣積糧緩稱王

賺錢要留得住，積沙才會成塔

「廣積量，緩稱王」這句話是智囊朱升當初給剛成為中原反元三大勢力之一朱元璋的建議，意思是讓自己囤積好足夠的戰備能量，才能跟其他人決一死戰，至於是不是有個王的名號，那不重要，因為決戰的重點在於真實的力量，而力量來自於實力，不在於名號。當時其他勢力如張士誠、陳友諒都急著稱王，來顯示自己有足夠的實力趕走元朝，讓民間力量可以歸附，壯大自己。但是朱升覺得真正的實力是有足夠對人民的能力跟足夠的糧食，而且一旦稱王就會變成其他人的目標，因此應該先培養好實力，讓其他人先自個去打一打，最後朱元璋果然順利取得明朝開國皇帝的地位。從這個故事可以了解為何財帛宮不適合化科，除非有其他條件配合，更重要的是說明了財庫的重要性，一個人努力賺錢，也有好的時機賺錢，卻沒有累積財富的能力，一手賺錢一手花錢，這不過是過路財神，這樣的情況在現實中比比皆是，因此討論一個人的財運時，不能不看財庫宮位，也就是子女宮跟田宅宮。

子女宮與田宅宮之所以被稱作財庫的宮位，是因為這代表了家與下一代。擁有家庭與下一代，往往能夠帶來某種程度的安全感。正所謂家是最好的避風港，如果你的家是破爛茅草屋，或是河堤邊隨時會被大水沖走的違章小木屋，你會有安全感嗎？家之所以給人安全感，可以從「家」這個字的象形上了解。家是一個房屋的屋頂，加上一頭豬（豕），在甲骨文出現的半漁獵時代，家豬是蛋白質的穩定來源，其他都需要靠捕獵，所以可算是財富的象徵。由此看來，穩定的供給才是財富的象徵，這是從文字上看出來的文化基因。再者，「家」的象形文字表示穩定的食物供給才能帶來安全感，擁有這樣的條件才能算是一個家，所以我常勸那些為了給孩子完整的家，不願意離開家暴老公的女人，完整的家不是因為老公，是因為有頭可以食用的豬（只會打電動跟打老婆小孩的豬不算）。

古代因為沒有社會保險制度，所以有好的下一代就成了某種社會保險，所謂養兒防老，孩子的能力成就跟是否孝順，也會是我們能否心安的原因。從這裡可以知道，為何子女宮、田宅宮算財庫，而財庫其實是命盤上代表內心安全感與可以累積安全感的地方。

2

聚寶盆要先有第一個元寶，才能生出錢來

．如果沒有足夠的財富可以累積該怎麼辦呢？所以財帛宮的理財能力相當重要。許多人看到自己的財帛宮有煞星，而子田線財庫有化祿或者祿存，就很開心，若加上太陰星，更是覺得會擁有很多房地產，這完全是錯誤的概念，應該要先擔心自己的賺錢能力。

本命命盤是我們個性與能力的投射，一個人重視家庭，願意存錢買豬，讓家很富足，重點在於必須要先有錢才能買豬，所以財帛宮的狀況如果不好，子女宮、田宅宮很漂亮，用途也不大，只能說可以慢慢累積財富。或者說，這是個重視家庭的人，也因為這樣的個性，比較不會亂花錢，這就是自古以來的觀念：一個男人成家才能賺到錢。因為有家之後，為了買豬，就不會拿去買

其他東西，而豬會長大、會繁殖，當然就可以累積出財富，現代來說，這表示累積財富時的態度。如果財帛宮狀況不佳，無論是煞星太多愛亂花錢，或是化科花錢不手軟，或是如天機化忌，對金錢價值判斷有問題等這一類比較不常賺錢的星曜，如果子女宮、田宅宮內有化祿或祿存，將所賺的錢投注在家人或是家庭上，會是一個好方式。其實，這個代表安全感的家，在現代來說不只是那頭豬，可以買來一直繁殖跟增長的東西很多，例如各類儲蓄理財的保險，還有穩定獲利的公司股票，以及最常被大家提到的房地產。

創造真正的人生聚寶盆

無論是投資股票或各類理財商品，最需要討論的是財帛宮，也就是賺錢的方式，至於子女宮跟田宅宮則是真正的儲蓄財富，因此，如果本命盤的財帛宮有太多煞忌，就要注意子女宮跟田宅宮是否狀況也不佳，需要保守面對財務情況。以一般的理財觀念來說，認真規劃每一分錢的花用，並且做好財務計畫，穩定的累積財富，做好儲蓄，會是最基本的態度。但是光如此當然不夠，可以利用運限盤上總會出現的好的時間點，在財帛宮有化祿、祿存這種比較好的狀態下，盡可能存錢。要注意的是，本命盤財帛宮跟田宅宮都不佳的人，好不容易有了賺錢機會，通常就會更亂花錢，但是這時候其實需要更加保守，有賺錢的機會就該把所有的錢存起來，而非擴張發展事業，畢竟本命的個性跟態度主導了絕大多數的基本心理，而且換了運限之後更可能失去賺錢的機會，因此更應該利用可以賺錢的時候好好留住錢財。

還有一種情況是財帛宮很差，但是子女宮、田宅宮很棒，這時就需要了解財帛宮的狀況，如果本來就不善於理財，無論投資創業都感覺害怕，自己也不在乎金錢，工作只為了追求一個成就感，其他都不重要，用夢想代替一切物質，這樣的人若是子女宮跟田宅宮沒有煞忌，甚至有化祿跟祿存，在基本的儲蓄部分，至少規定自己每個月留下百分之二十、三十的錢儲蓄起來做為養老，搭配好的保險跟穩定獲利的股票，其實也就足夠了。但如果你覺得把每個月百分之二十的收入存起來會無法生活，那顯然你並沒有那麼安貧樂道，沒有那麼不在乎金錢，只是不願意認真面對資本主義社會裡的生活。你是否想過未來眼茫茫髮蒼蒼的自己，甚至連可以動搖的牙齒都沒有的時候，到底該怎麼生活呢？就算有天梁星在子女宮、田宅宮可能會拿到祖產供養老揮霍，但還是建議先做好穩定的儲蓄比較重要。許多人不知道這個世界有一種賺錢的工具，人人都擁有，那就是時間。利用時間逐步慢慢累積財富，其實是非常重要的觀念。

若是自己的子女宮、田宅宮很差，但是財帛宮、福德宮旺盛，很會賺錢，應該怎麼辦呢？這一類的人其實相當多，很會賺錢也很會花錢，而且賺越多花越多。財帛宮跟田宅宮破財的基本差異是，財帛宮的破財通常是因為花錢的態度，或者因為投資理財而破財，田宅宮的破財則通常是因為無法精確控制自己的花錢，以及單純運氣不好，總是因為遇到很多奇妙的事情而破財。我就會建議，認真賺錢，學習各類理財工具，至於田宅宮的破財、財庫的破口，我們可以把錢花在家人身上，或者捐錢，響應原本就該破財的命格，順便做功德。

最後一種當然是財帛宮跟子女宮、田宅宮都漂亮的人，只要好好做自己，遇到運限不佳時小心謹慎，就可以永保安康。當然也更進一步建議這一類的人，可以在運限上有煞星或者化權、化祿的時候，更勇敢的在事業與錢財投資上有所作為。畢竟，聚寶盆也需要有第一顆元寶，才能生出滿盆金銀啊！

特別加映

有土斯有財？買房是財富保險還是人生風險？

無論你的財福線和子田線是前述任何一種情形，找個穩定的儲蓄工具是必然的，但是一般認知的買房子真的是穩定儲蓄的好選擇嗎？許多人覺得買房子是一種好的儲蓄工具，其實一直以來，我對此都持反對意見。不可否認的，許多人的財富累積是因為買房地產，卻也有許多人是因此而破產。因為華人「有土斯有財」的觀念，沒房子的時候罵房價太高，有能力買的時候，房價再高，還是有一堆人買房子。事實上，從數據來看，百分之八十的台灣房地產購買者幾乎都是上班族，長達三十年的房屋貸款壓力讓人失去許多機會，可以說是收入越低的人越喜歡買房子，高收入的人反而不那麼喜歡買房。

（當然金字塔頂端的高收入者利用買房逃漏稅跟轉移資

產等，甚至炒地皮，這不在考慮的範圍內，因為這是財帛宮的範圍。）我們可以發現，這就是理財觀念的差異。前面提到財帛宮代表的不只是錢財，還代表**可以使用的物資以及使用能力**，田宅宮代表的是內心的安全感，所以會有儲蓄才有家的概念，其實那個家就是由儲蓄的概念轉化而來（想想那頭豬），因此除了金字塔頂尖的高收入者之外，絕大多數買房的人是因為希望有個穩定的生活，加上華人文化的洗腦，覺得房子才是穩定的資產，事實上卻非如此。

還未到金字塔頂端卻屬於高收入的一群人，常將房地產視為一種負債，實際上來說也的確是，買了房子其實是欠銀行錢（除非全用現金買），而且一欠就是三十年，在這三十年中，你的工作上不能出任何問題，也不能有收入上的變動，否則房貸的壓力會逼迫你思考該如何解決這龐大債務。換言之，你的人生將因此失去許多追求夢想的機會，少了許多可以讓人生面貌變得不同的機會，相對來說，就可能少了賺更多錢的機會，甚至必須承擔長達三十年的風險。

認真查看各國房市，其實都有被腰斬的紀錄，台灣也許還沒有，但是台灣未來將面臨少子化的危機，房價也不可能樂觀。想想看，一間台北市的房子至少要兩千萬元，用兩千萬元買一支穩定獲利的股票，一年獲利百分之五，大概利息錢就可以讓人在台北市相當好的地段租房，而且比價值兩千萬元的房子還大，更重要的是如果風水不佳、有惡鄰，還可以隨時搬走，有外派機會時可以放心創業、出國發展，遇到疫情，不小心兩年沒有工作，這些人生中的變化都不會因為背負房貸而被綑綁。

更別說子女宮、田宅宮狀況不佳，容易買到風水有問題的房子（所以挑房子的時候絕對不能在運限的田宅宮有煞星，尤其是陀羅星的時候），這類就像是財帛宮強大而子女宮、田宅宮差的人，除了買間自住的房子，以目前金融商品發達，房子就不見得是好選擇了，這也是社會有一群人不想把金錢（人生）綁在房子上的原因。但是如果原本的子女宮、田宅宮狀況不錯，反而是財帛宮狀況差，買房子就是基本的穩定儲蓄，因為這類人對於房子的選擇格外注意，家庭能給予的心靈幫助可以讓他更好的面對人生問題，此時房子就變得很重要。

3

運限在走，觀念要變

不同年紀的資產規劃

本命的田宅宮代表天生儲備資產的能力，儲備資產的確重要，但房地產並非是是每個人都適合或最完美的儲蓄方式。以台灣來說，未來台灣的國民所得即將四萬元美元以上，躋身已開發國家之列，而全世界已開發國家的房地產都是受到控制的，避免國家資源一直流入無法流動的房地產，而失去社會上資產的流動性（高度開發的國家基本上都會抑制房地產炒作，讓資金進入產業界，活化產業的生產與開發能力，讓國家的產業具有高度世界競爭力），因此，用房地產累積財富在這個年代是需要被多加思考的，更不用說房地產一定會上揚這樣的荒謬看法。這就像一個人年輕的時候因為生活習慣（年輕人比較多活動）怎麼吃都吃不胖，長達四十年不會胖，難道過了四十歲還是不會胖嗎？事實上，絕大多數的人，包含我，都是在一定年歲之後發胖的，因為年紀增長了，新陳代謝變慢了，生活習慣不同，怎麼可能用過去的看法來眺望未來呢？房屋的需求在降低，這個世界上根本沒有不合成本所以不能降價的情況，否則哪來公司破產的事情呢？這也表示，我們對於資產儲備不能只用本命盤看待，要隨著不同的年紀與環境去轉變。

前面提到的本命盤田宅宮與財帛宮的差異，讓我們面對儲蓄時有個基本態度，但是運勢受到運限的影響，會隨著年紀產生變化，我們會受到環境的改變產生不同的人生態度，會隨著運限而有不同的情況發生，因此前面提到的是整個大方向、大主軸，但是其中的細節要隨著年紀做調整。

投資觀念上有一句經典名言：「年輕的時候人家稱我為賭徒，年紀再大一點人家稱我為金融冒險家，再大一點人家稱我為銀行家，事實上我做的都是同一件事情。」其實說的就是，當一個人身邊沒有什麼錢的時候，單純儲蓄，一點點慢慢累積是非常慢的，所以看準機會賭一把，讓財富快速翻倍，反正錢不多，也輸不了多少，更何況還可以學得經驗。但是當一個人有了不少的財富時就該趨向保守，絕大多數財富需要安穩的儲蓄，少部分可以做具有風險的投資。這是一個很基本的理財觀念，錢越少的時候越可以投向具風險的投資工具，錢越多的時候就要越趨保守，因為光是足夠的本金就可以累積可觀的財富，而隨著年紀漸長，越來越沒有光陰承擔失去的風險。在這樣的基本觀念下，就需要隨著運限調整儲蓄狀況。掌握這兩個關鍵，就可以依照運限狀況討論該做的理財方向。

在運限盤上的子女宮、田宅宮與財帛宮的配合，需要更高度的技巧。我們曾提到「時間」也是一種賺錢的工具，把金錢放在適當的地方，時間就會幫我們累積財富。既然財富的累積跟時間有這麼大的關係，在看自己的財運時，就不能只看本命盤，也要看運限盤，更重要的是不能只看一個運限盤，也就是說不能只看當下的運勢，還要看未來。至少如果當下逼近於破產，也要看看未來是否有機會東山再起。

如果正處於三十而立，剛要大展拳腳的第三大限（三十歲左右），這時財帛宮狀況不錯，就該依照財帛宮的狀況讓自己好好發揮，即使子女宮、田宅宮狀況不好有煞忌，也不需要擔心，唯一要擔心的是不適合跟他人合夥做生意。如果子女、田宅宮狀況好，更可以撥出百分之三十的收入穩定投資，但是要**注意未來至少三個運限的情況，如果未來的財庫狀況都不好，則需要提早儲備**。

如果看到這本書的時候已是第四大限，再過兩個大限就將六十多歲，在華人社會通常也要退休了，這時不管子女宮、田宅宮狀況如何，都要儲備一些資源，如果後面第五、第六大限狀況不佳，這些儲備的資源就可以救難，最主要可以避免到老時一無所有。順帶一提，我們常聽說用親人的名義買房子，這個方式是否可行呢？使用這個方法的前提，除了對方是自己完全可以信賴的人，更重要的是買了房子就要真的給予對方，不能只是掛個人頭名義，否則在運限不佳的時候還是會將房子變賣，最後不可能為自己留下一道防線。

簡單來說，我們要在運限的狀態下考慮本命盤，如果以十年運限來說，前面考慮的是一生的整體情況，現在考慮的則是十年的情況。如果本命盤子女宮、田宅宮不佳，不容易存到錢，運限中就要逼自己想辦法存錢；本命盤子女宮、田宅宮不錯，要注意運限是否也是如此。若只有本命的子女宮、田宅宮好，但運限不佳，表示在運限中一樣存不到錢，這種有存錢的心卻沒有存錢的機會，就像自己想當個好情人卻遇不到對象的可憐境界。這時需要想想，如果自己還年輕，可以用前面在本命盤說到的，雖然財帛宮不佳，卻也可以奮力一搏，子女宮、田宅宮不佳，就更應該把錢花在恰當的地方，讓自己雖然破財但能累積經驗跟能量。

如果已經有點年紀，例如處於第四大限、第五大限，則建議無論如何都該想辦法留住資產，讓可以動用的資金為總收入的三成就好，這樣一來，在運限中還有機會奮力一搏時才不用害怕。如果後面的運限都很好，子女宮、田宅宮有化祿、祿存，存下來的錢就會逐漸增加；假使不好，也因為逼迫自己存錢而有抵抗破財的能力。

至於如果看到這本書時，你已經處在第六大限，趨向保守將會是唯一選擇，真的想要賺點偏財，投資點股票玩一玩，也建議你應該是提取一點點資本當作娛樂就好，或者其實可以把這樣的觀念分享給朋友，幫助其他人。

許多前來諮詢命理的人都正處於失業，或是經濟狀況不佳的情況，卻每每都會在這個時候問是否可以投資股票或房地產，其實任何的投資都像聚寶盆，需要有第一顆元寶，也就是第一桶金。從數學的角度來看，當前面沒有一的時候，後面再多個零還是零，所以第一桶金非常重要。可以是一份穩定的收入，然後逐步提撥一定的金額出來累積資本，最後才是所謂投資理財。就像前面說的捕獵老虎時，如果手上只有一顆貢丸是不夠的，需要逐步有計畫的累積資本，而累積資本的基本觀念，就是需要了解時間對我們產生的差異影響。可以利用命盤看出人生中主要賺錢的四個基本大限，從二十多歲一路到六十多歲，到底該怎麼規劃資產的累積，避免到頭來做白工。

4

貨出去錢進來

是不是進得來要看田宅宮

子女宮、田宅宮是我們的財庫，而在運限盤具備有現象發生的可能，所以運限盤的子女宮、田宅宮代表是否真的會有錢財進入口袋。因此，從子女宮、田宅宮可以真正看出自己的理財跟投資是否真能賺到錢。

本命財帛宮是天生的用錢能力跟態度，在運限中還表示財富狀況，就像是買了逐步高漲的股票，帳面上可能已經是億萬富翁，但也可能因為一週內的股災，變得一無所有，所以到底是帳面上的數字富翁，還是真正的富翁，就要看子女宮、田宅宮。既然如此，就可以利用運限盤上的子女宮、田宅宮判斷是否真的賺到錢，錢是否真的進入財庫，進入自己的口袋。

子女宮跟田宅宮身為財庫宮位，基本上在運限盤只要出現**化祿或者祿存**，就可以視為有錢財進入。依照這個基本原理，就可以看自己的財運是否落實（真正進財）。這個用法對應到日常生活上搭配財帛宮，可以讓我們掌握是否真的有賺錢機會，甚至可以知道能否度過財務上的難關。首先看看子女宮、田宅宮上面有化祿或者祿存在命盤上會顯示哪些情況（圖十六～十八）。

圖十六 運限盤子女宮田宅宮有化祿或是祿存圖示

圖十七 運限盤上田宅宮有暗合進來的化祿或祿存圖示

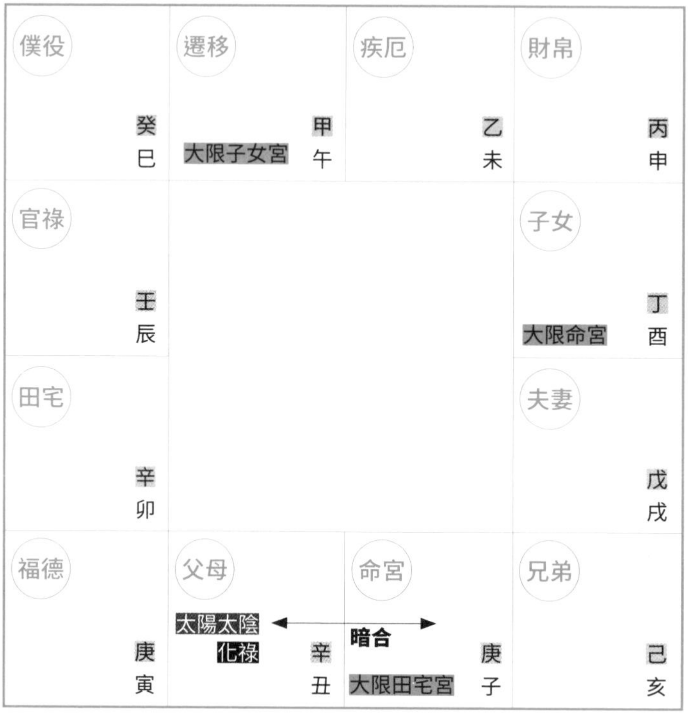

圖十八 運限盤上田宅宮有飛化進來的祿圖示

上述三種情況都可以視為子女宮或田宅宮有化祿、祿存進來，也就是說在這個運限內，實際上會有錢進入口袋。當然因為錢財湧湧，進進出出，所以可能因為看的運限是大限的十年，雖然流年有破財，不過十年結算下來還是有錢的，只是現實情況可能是一邊存一邊花。還有一種情況是整個大限十年內的子女宮、田宅宮同時間有化祿、祿存，也同時間有煞星化忌，這時就要更加精確判斷是否能夠累積財富，紫微斗數上常用的改運方法，或者說是一種防呆的方式，就是買房子。前面提過貸款買房子是一種負債，因此可以用這樣的方式讓自己破財，卻又可以留下財富。當然，因為子女宮、田宅宮內有煞星跟化忌，還是需要注意買房子的時間、地段，以及是否有風水上的問題。這樣的方式在流年或者小限，甚至是流月其實更好用，因為短的時間內可以看出更加明確的代表跡象，例如下個月要向人家借錢度過難關，是否能借到錢，就可以用這個觀念來看。向別人借錢，可以分為向親友以及向法人（銀行或者公司）借錢。如果是向親人借錢，這錢的來源跟人有關係，所來的化祿或是祿存必須跟人有關係，例如跟朋友借錢，依照前面三種圖示，這個化祿或者祿存需要跟僕役宮有關係（圖十九～二十一）。

圖十九　流月田宅宮疊流年僕役宮圖示
（跟僕役宮重疊表示錢財跟朋友有關係）

流年官祿宮 流月福德宮	流年僕役宮 流月田宅宮	流年遷移宮 流月官祿宮	流年疾厄宮 流月僕役宮
流年田宅宮 流月父母宮			流年財帛宮 流月遷移宮
流年福德宮 流月命宮			流年子女宮 流月疾厄宮
流年父母宮 流月兄弟宮	流年命宮 流月夫妻宮	流年兄弟宮 流月子女宮	流年夫妻宮 流月財帛宮

圖二十 流月田宅宮暗合大限僕役宮圖示
（表示錢從朋友而來）

大限田宅宮 流月福德宮	大限官祿宮 流月田宅宮 ← 暗合	大限僕役宮 流月官祿宮 →	大限遷移宮 流月僕役宮
大限福德宮 流月父母宮			大限疾厄宮 流月遷移宮
大限父母宮 流月命宮			大限財帛宮 流月疾厄宮
大限命宮 流月兄弟宮	大限兄弟宮 流月夫妻宮	大限夫妻宮 流月子女宮	大限子女宮 流月財帛宮

圖二十一 流年僕役宮化祿進流月僕役宮
（錢從朋友而來）

流年官祿宮 癸 巳	流年僕役宮 甲 午	流年遷移宮 乙 未	流年疾厄宮 流月僕役宮 廉貞 化祿 丙 申
流年田宅宮 壬 辰			流年財帛宮 丁 酉
流年福德宮 辛 卯			流年子女宮 戊 戌
流年父母宮 庚 寅	流年命宮 辛 丑	流年兄弟宮 庚 子	流年夫妻宮 己 亥

還可以透過僕役宮是否疊在財帛宮，疊在官祿宮，疊在子女宮、疊在其他運限田宅宮做出細部的分辨。如果檢查不出有這樣的跡象，卻有田宅、官祿、財帛、遷移這幾個宮位會重疊、或暗合、或飛化化祿進來流月田宅宮，而此時這幾個宮位內有左輔、右弼、天魁、天鉞這些助人的星曜，或是太陽、天梁、太陰這些主星化祿，表示會是工作上的同事上司或客戶，也可能是家中長輩或是在外認識的朋友會給予幫助，並且有機會在當月就拿到錢，因為田宅宮有化祿或是祿存進來。比較有趣的是，如果是破軍化祿，要注意可能得付出一點代價才能借到錢。

如果都沒有這些跡象呢？再檢查官祿、福德、財帛、遷移這幾個宮位是否有化祿或者祿存進來流月田宅宮，或至少是流年田宅宮，也會有機會借到錢，只是可能不是向親人，也可能會是向法人（公司或銀行）借錢。如果這幾個宮位給予田宅宮祿存，並且在這幾個宮位以及子女宮、田宅宮宮位內有廉貞、天府、天相、巨門、破軍、文昌，有可能是向銀行或法人公司產生借貸關係，這時候就會建議與其找親友幫忙不如找銀行幫忙。無論如何，先看看田宅宮是否有前面說的三種化祿跟祿存出現，才能夠判斷是否借得到錢，短期的資金需求用流月來看，長期的資金需求則可以從流年來看，看看是否有拿到資金或是得到財務幫助的機會。

除了借錢，田宅宮也可以用來看投資是否賺錢。許多時候，我們在判斷是否適合創業或投資，通常只注意財帛宮，其實看田宅宮才能真正確定是否能賺到錢，當田宅宮有化祿時，才真的會有錢進入口袋。許多人只看到財帛宮很漂亮就想創業，其實很可能只是風光一時，是過路財神，船過水無痕，財過只剩恨。因此，田宅宮是否有化祿跟祿存，是評估是否賺錢的重要指標，在田宅宮、子女宮狀況不佳充滿煞星的情況下，即使賺錢也該做好防備措施，這就像朱升給朱元璋的建議，千萬不要像張士誠以及陳友諒一樣急著稱王，應該先累積資本。如果更積極正面看待子女宮、田宅宮，也可以利用這兩個宮位，了解到投資或是正從事的生意是否有賺錢的機會，例如流月田宅宮有化祿，剛好手邊有個案子在投標，這就會是一個考慮指標，通常用紫微斗數判斷是否能拿到生意或標案，以及投資是否可以收益時，田宅宮會是一個重要參考宮位，如果標案會在年底收錢，應該看看流年田宅宮是否有化祿跟祿存的跡象，以及真正收錢的月分是否有化祿跟祿存的跡象，再加上標案是一種考試概念，如果官祿宮、命宮有化科，那就八九不離十了。

同樣的，如果是以投資理財的角度來看，也可以利用這樣的觀念，例如投資某一項商品，但是整個流年田宅宮非常不佳，幾乎就表示最好不要投資，除非財帛宮很漂亮，這時可以利用流月的田宅宮跟財帛宮來判斷，也就是利用好的流月田宅宮，把投資獲利的部分現金落袋為安，並且將資產做好安排跟分配（穩定的儲蓄或找到好的時機點買房給信賴的人之類）。當然，也可能是流年不佳，流月也找不到好時機，這種情況下就可以了解，其實安穩的投資或是把錢花在自己身上，上課學習累積才能，或是吃喝玩樂捐錢做功德、帶家人親友出門旅遊累積人脈，都會比做出無畏的投資，讓錢財白白流失好多了。

補財庫有用嗎？

命理學上常聽見「補財庫」這個說法，是否有用呢？真正的命理高手會說，必須要財庫破財才能補，如果連財庫都沒有，那要補什麼呢？就跟想要找小三一樣，最主要的條件不是有錢、不是花心，而是要有正宮，才能找小三。

少數人的本命盤子女宮、田宅宮有煞星和化忌，基本上就可以視為沒有財庫，但是如同前面提到紫微斗數命盤上的子女宮、田宅宮為財庫宮位的原理，本命盤是天生的能力與特質，因此這裡所說的沒有財庫，雖然不能說完全不是自己太倒楣，總會到處無來由的破財（有四煞星或者天刑或者武曲化忌的確容易如此），但是更可能是因為個性問題所造成，這時候就該利用運限有財庫的時間點來累積財富。

而當運限子女宮、田宅宮有煞星和化忌出現，才可以視為財庫破了，或許可以嘗試各類補財庫的方法，這些方法其實也可以視為利用天地間的能量，給予我們精神上的理性判斷，去彌補當下對事情的誤判，而造成的財物損失。所以補財庫的概念，最主要的還是希望可以透過各種儀式與天地間的力量，為自己找到一個支持與面對問題的解決能力。實務上如果不能利用紫微斗數命盤去搭配好的時機點，並且了解真正的問題（例如根本是自己愛亂花錢），那麼補財庫可能也只是另一種亂花錢的方式。

利用紫微斗數命盤找到好的時機，避開危險的時機，慢慢累積出財富才是重點。廣積糧緩稱王的重點在於「緩」字，能夠慢慢靜心做出判斷，才能夠好好利用自己的田宅宮，用時間幫自己賺錢。

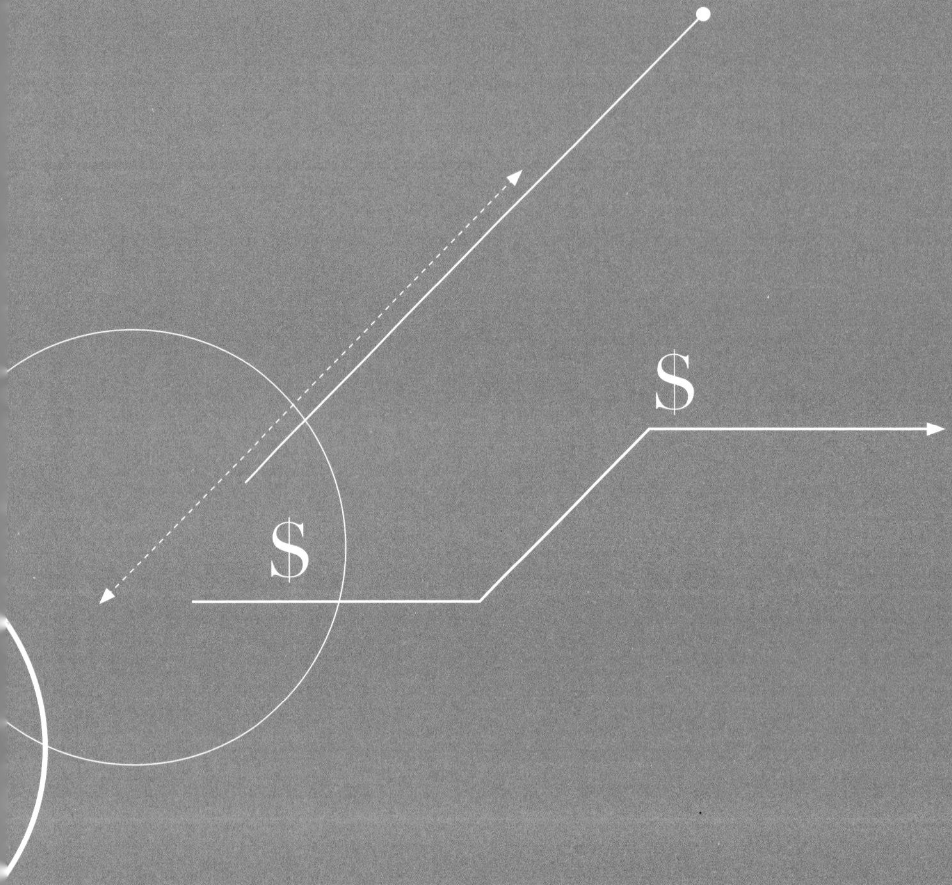

第七章

紫微斗數裡的財運藏寶圖

$

利用命盤之前
致富的實力來自知識

現實生活中希望自己擁有好的財運，想要創業，就該了解創業所需的知識；想利用理財工具，就該好好學習理財工具的基本常識；希望可以安穩儲蓄，就該好好工作，找到最適合自己的賺錢工作，並且做好儲蓄規劃。因為人的財富能力除了天生本能之外，都需要以專業知識為基礎，就像一個人天生孔武有力，如果沒有確實受過訓練，一旦遇到訓練有素的武術高手一樣會被打敗，只是我們通常不會願意面對這個殘酷的事實。

我曾擔任青年創業貸款的經驗分享講師，傳授融資與創業技巧，很有趣的是，幾乎每次都會遇到學員問同樣一個問題：該如何逃漏稅？其實每當有學員這樣問，大概就可以知道他的創業很難成功了，因為這表示他不看好自己的創業計畫，沒有賺錢的自信。再者他只希望靠節稅甚至是苛刻員工而產生獲利，不是利用真正的商業模式來賺錢。最後，先不論國家政府是否好好使用稅收，一個創業者總會用到國家社會的資源，免費的道路、低廉的醫療、社會秩序的執法與制度，分分秒秒我們都在利用別人的稅收所給予的資源，如果不願意付出卻希望賺錢，就表示他連基本的財經觀念都沒有。種種因素之下，這一類的人自然從一開始就不會是適合創業的人才，投資也一樣（投資股票或者各類理財工具，是投資別人幫你賺錢，而創業是投資自己，幫自己賺錢）。當然，依照制度可以合法節稅，所以知識是絕對的力量。

當這些都做到了，運氣的掌握和使用就可以避開災難，不至於讓努力成空，或是能夠更上一層樓，這時候紫微斗數可以幫助我們的，除了了解個性特質，以及在心靈上給予力量，還有更積極的方式幫助我們找到好機會跟好環境，也就是我們專屬的藏寶圖，例如開店做生意，就能從命盤找到適合的環境與開店時機，當然也會讓我們的努力得到更好的發揮。

2

適合自己的好時機

利用紫微斗數為自己尋找好的時空環境，就像奧運比賽的地主國選手容易拿獎一樣，因為有利的環境，可以做出最好的發揮。這就要了解紫微斗數中代表時空環境的組成因素：宮位。

整個紫微斗數的體系是利用宮位組建起來，可見時空環境對我們的影響之大，現實生活中，除了要找到好的方式增加金錢的收益（例如希望可以投資賺錢，就該認識相關的朋友，接觸專業的知識。希望創業就不能將創業的想法跟上班族討論，因為從來沒創過業的人給出來的想法可能有問題。或者有的人只創業過一次，如果成功或許還有參考價值，但還得看他成功了多久，如果只有兩三年，或許只是運氣好，運限走得對。如果是失敗的經驗，則只能擷取失敗的原因，千萬不要擷取他失敗的心情），還需要挑選適合的環境，例如財帛宮有煞星，但是田宅宮不錯，加上年紀很輕，那麼高風險的市場就很適合，無論是投資或創業都是如此。但是如果年紀大了，而且財帛宮不佳、田宅宮不佳，或是財帛宮不錯但是田宅宮不佳，就比較適合保守而安全的環境。所以需要以自身的條件做出判斷，並且慢慢的思考，以及做好市場調查。做好這些功課後，選擇好的時機也非常重要，若是以單純的投資理財或儲蓄來說，要挑選的時間點是馬上開始，只是需要注意命盤上的運勢走向。所謂馬上開始是需要**馬上做功課，做好專業的準備**，然後依照命盤上財帛宮、福德宮跟子女宮、田宅宮的狀態去投資或儲蓄。

傳統命理學上有所謂的「小兒關煞」，無論是哪一種命理學都有。因為古代的孩子在七歲之前很容易夭折死亡，所以各種命理學都會幫助無助的父母來推論人力無法抵抗的狀態，但是隨著科技發達、人的能力越來越強大，現今小孩在七歲前死亡的機率相對小很多，甚至婦女難產的機率也少很多（在清朝，大概有近三成的女性死於生產，女人真是拿生命在拚搏）。相對的，在現代來說，也有很多事情因為文明能力的不同而有所變化，單純以容易破財的人來說，現在有許多穩定的理財工具，從儲蓄型保險到穩定獲利的上市公司股票，而且各方面的專業知識都穩定充足，只要不求大富大貴，基本上都可以安穩養老，更何況台灣還有全世界最好的健保制度。因此，關於財運，最主要還是要清楚自己的目標，這也是現今身心靈界流行的各類法則。其實就某個層面來說，就是梳理自己內心真正所需，了解自己後才能夠知道需要的是什麼，才能夠去追求。如果只是希望一生安穩，那麼對你而言安穩的定義是什麼呢？如果是一份喜歡的工作，六十歲退休，那就該及早做好儲蓄計畫，因為不可能一生都沒有災難，不可能在六十歲退休後只靠基本退休金，因此真實了解自己，做好財務規劃，甚至或許必須降低一點日常享受，那麼坦白說，在目前的台灣絕對可以過上舒服自在的生活，不太需要命盤給予幫助的力量，這就像宗教，利用某種信仰讓自己堅持過上制式的生活，生活自然而然就會穩定，加上台灣這個很好的社會環境，只要固定做好儲蓄就可以了。這樣一個聽起來有點笨的方法，可能還比為了賺錢到處尋找機會然後失敗的人，最後留下更多的財富。就像打牌最大的勝利者往往是那個只求不要輸的人，而不是想贏大錢的人，利用時間加上不出錯，為自己累積出財富。

但是如果還算年輕，或是已經不年輕，但希望晚年可以過得舒服一點，想透過創業或是利用投資獲得多一點的利潤，這時候除了馬上開始研究專業知識，找到好時機就格外重要。前面提到，如果要投資，可以利用田宅宮是否有化祿或者祿存來觀察適合的時機點。若單純以金融投資來說，還需要注意幾個命盤上給予的訊息：

首先，必須先利用自己的金融知識為想投資的商品找出好的時機點，這是很重要的觀念，因為運氣很好，體能滿分，技術一流的奧運游泳選手遇到瘋狗浪一樣會溺死，所以現實環境的情況絕對不能忽視。這也是很多命理師會給客人很可笑的建議的原因，明明房市正在崩盤，卻只因為客人太陰化祿就建議他買房子，這是完全不對的觀念。在確定好想投資的商品的現實環境後，再考慮命盤上好的時機點，最好的情況當然是流年流月的財帛宮、福德宮跟子女宮、田宅宮沒有煞星或化忌，再加上有化祿跟祿存。如果沒有這樣的情況，就需要仔細查驗命盤的資訊，例如想投資某一支股票，預計三個月內會漲，這時候可以看看三個月後的流月財帛宮跟子女宮、田宅宮，如果子女宮、田宅宮有化祿跟祿存，並且不是破軍化祿，就是適合的時機，最好三個月後的流月財帛宮也是化祿跟祿存，如果只有子女宮、田宅宮，就需要注意財帛宮的煞忌是否太多，如果超過兩個以上，或許就代表能賺錢，但可能不如自己預期。這是用流月看股票市場，因為股票市場的變化通常在年以內就會有所變動。

如果要做長期投資，例如房地產、債券，或是長期投資的股票，甚至是藝術品呢？當然就要用流年去看，並且要注意整個十年限的大限命盤。基本原理相通，只要看打算何時賣出，而在賣出的時機點是否財庫子女宮、田宅宮有錢進來。如果自己預估兩年賣出，但是兩年後的流年並不好，需要等五年才有，可是五年後這個商品可能會下跌，就不適合了。因此，先理解要投資的商品重疊循環的週期，然後在週期內尋找最適合的時間點，所看的命盤需要大於週期，例如看一年的變化就要看流年跟流月，看數年的變化就要看流年跟大限，然後在買的當下，流月財帛宮、福德宮若有太多煞星，建議就要多想想這可能是一時衝動，賣出的時間點如果財帛宮跟福德宮有超過兩個以上的煞星，即使子女宮、田宅宮有化祿跟祿存都需要考慮，並且注意破軍的化祿不能用，注意到這幾個點，就可以找到好的時機，我們可以利用這樣的方式適度的進出市場，因為這些時間點是紫微斗數命盤上解釋會有錢進來，運氣相對好的時機。

如果選擇的是創業，無論是副業還是在網路上賣點小東西，切記只要是自己發薪給自己都算創業，是否開公司並不是重點，公司的成立時間更不是重點，重點是

運氣如何。如果是自行創業，只需要考慮自己的技術能力與當下的環境狀態，例如因為疫情影響，餐飲業勢必受到衝擊，但如果自己是網路行銷高手，因為環境的改變，大家透過網路訂餐的市場變大，這時反而成了自己的好時機。跟前面提到的一樣，一定要評估自己的準備工作是否完整，所經營的市場是否有好機會，再去考慮命盤上的運勢狀況。

當一切都確定沒問題了，就可以要透過命盤找到財帛宮狀態好的時機點，但是否真的只能等到財帛宮狀態好的時機才能創業呢？畢竟很多時候財帛宮的狀態都不是太好。第一個考慮點當然是如果財帛宮煞星化忌太多，理財能力會受到情緒影響，不理性的思考通常是失敗之母，就算有運氣的幫助往往也無法抵抗人的愚蠢。所以如果財帛宮煞忌太多的時候（超過兩個以上），就需要仔細思考，但為何是建議仔細思考而不是放棄創業呢？因為創業本來就是一種需要勇氣的行為，所以存在煞星不見得是完全不佳，只是怕會受到情緒影響，做出不理性的判斷，尤其是陀羅星跟火星。如果仔細評估，並且找到有經驗的人給予意見（這個人絕對不會是命理師，因為命理師通常沒有創業經驗，而你需要的是產業經營的專業知識），再加上官祿宮狀態不差，甚至官祿宮會產生化祿進去財帛宮（P.239圖二十二），或者雖然財帛宮有煞星有化忌，但是同時有化祿跟祿存，這也是創業的好時機。

圖二十二 官祿宮化祿進財帛宮示意圖

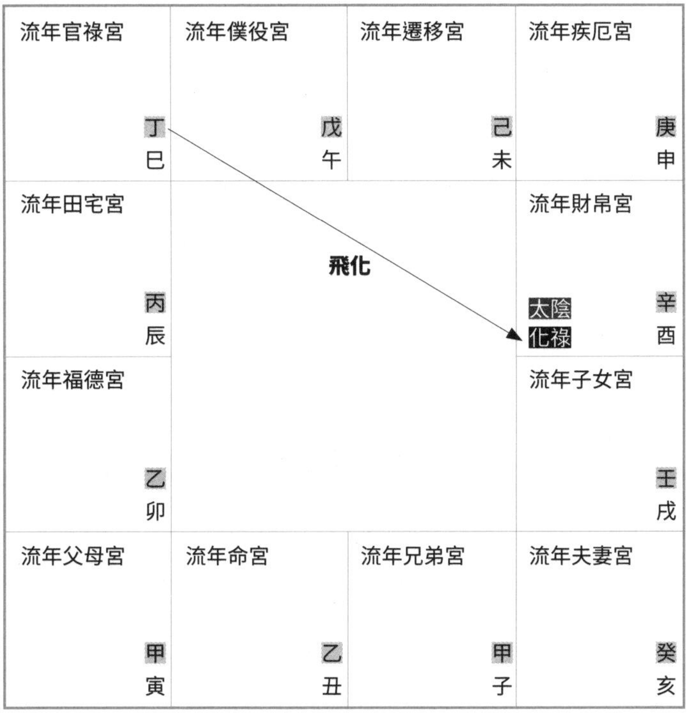

圖二十三 疊宮會讓宮位內同時出現煞星跟化祿化忌示意圖

紫微斗數因為可以將大限、流年等運限盤疊併於本命盤，所以會出現疊宮狀態，因此運限出現的四化與祿存、擎羊、陀羅星也會疊併於宮位內，表示人生中可能同時有賺錢又破財的情況（圖二十三）。（詳細做法可參考Youtube免費教學影片或是部落格文章：https://lucidchateau.blogspot.com/，以及《紫微攻略一》一書）

這其中有一個小小的技巧，如果創業是一個兼差的小生意，那麼命盤顯示上只需要看子女宮、田宅宮有化祿跟祿存，財帛宮跟福德宮有化祿跟化權（表示開始有多方面或者兩份收入），就可以知道何時可以兼差，或者做副業會有成績，再評估是否有支撐下去的能量。除此之外，通常創業需要籌備跟投資時期，如果想做的產業需要半年或一年的投資時期，那麼抓的時間點應該在好運時期的前一年，因為那時候剛好正在做準備，即使是破財的時間都可以，因為**投資後等待回收之前就是一種破財**，然後讓真正好運的時間點落到已經準備回收的時機，這是一個小小的技巧。雖然在好的時間點創業會更順利，但是如果可以讓自己在辛苦的時間專心拿來收集財富，不是更好嗎？

最後當然要注意這個好運的時間能持續多久，如果投資一間餐廳，以台灣一間中度規模的餐廳而言，頭一個回收時間約兩年計算，就必須評估未來幾年，甚至是十年大限的財運狀態。如果只有一兩年的好運，所選擇的創業項目就需要能夠在短期得到回收的項目，不能讓投注的時間拉得太長，因為當運勢轉換，才能讓自己可以隨時脫手，避免把之前賺的又賠回去。

3 適合自己的好環境

找到好的時間點後，還要看看是否有好的環境，這部分同樣需要依照產業的基本邏輯做選擇。如果從事的是網路生意，基本上沒有空間問題，唯一要注意的是在那個時機點發現遷移宮、福德宮、子女宮有化祿跟祿存，那麼市場做得越遠就越有機會。

除此之外，需要注意地點的通常是依照產業特質尋找，再回頭觀察命盤給予的訊息，因為人的狀態不可能超過市場環境，所以紫微斗數命盤上給予的是自己對應空間的能量，就像有些人穿日系服裝會比穿歐系服裝好看，每個人都會有適合的方位與空間，但是傳統命理學往往只注意個人的喜好特質，卻忘記不能違反大的市場原則，所以我們要在**符合市場原則的情況下，找出適合**

自己的地方，以及無論投資理財或創業，都必須是自己喜歡跟了解的產業。

4

適合自己的好方位

依照紫微斗數命盤，可以知道自己在哪個方位會有比較好、比較自在的狀態。

命盤將十二宮做為我們在人生各種狀態下的態度與能力，各宮位當然就可以視為我們對那個宮位所代表的狀況會做出的反應，因此可以利用宮位的基本組成結構要素之一：宮位的天干，來找出自己在這個宮位所代表的事，在能量發散出去之後會產生的優缺點。什麼是宮位的能量對外發散呢？就是四化。

前面提到，要找出誰會給我們資金之助時用了一個技巧，僕役宮造成財帛宮化祿，表示會有朋友給予金錢資助，這在紫微斗數中有個專業的術語，稱為「飛化」。一個從僕役宮造成財帛宮產生的化祿，就像錢從朋友身上飛到我身上，所以稱之飛化，這是因為朋友對我們的財帛宮產生化祿的影響力，簡單來說，就是給予資金的資助。而宮位除了各類人際關係（如僕役、兄弟等六親宮位），以及代表自己具備的條件跟理財能力的宮位外，其實也代表方位（圖二十四）。

圖二十四　十二宮代表十二方位圖

東南方偏南 巳	南方 午	西南方偏南 未	西南方偏西 申
東南方偏東 辰			西方 酉
東方 卯			西北方偏西 戌
東北方偏東 寅	東北方偏北 丑	北方 子	西北方偏北 亥

利用這樣的觀念查看財帛宮（理財能力）、命宮（自身能量）、福德宮（自身的靈魂及運勢能量）發散出去較好的地方在哪裡，簡單來說，就是這幾個宮位的宮干造成哪些宮位的化祿，而那個化祿宮位所代表的方位，就會是對這幾個宮位發散出去的能量較好的位置，當然就表示我們能在那個位置上得到比較好的發揮（圖二十五）。

圖二十五 宮位化祿與方位示意圖

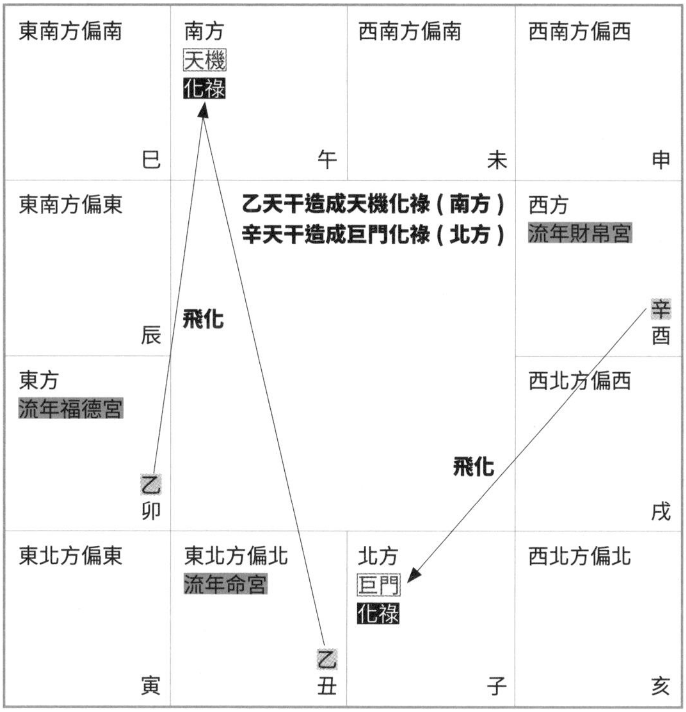

除了化祿，還有顆星曜叫做祿存星，這顆星曜的基本含意是「乘旺主星」，通常也代表他所在的位置可以讓主星的能力得以發揮，而這顆星曜一樣可以利用宮位的天干找到所在的位置，表示這個宮位代表的事可以在該方位有好的發揮（圖二十六）。

圖二十六 祿存星在各天干所代表的位置

丙天干祿存 戊天干祿存 巳	丁天干祿存 己天干祿存 午	未	庚天干祿存 申
辰			辛天干祿存 酉
乙天干祿存 卯			戌
甲天干祿存 寅	丑	癸天干祿存 子	壬天干祿存 亥

依照這樣的邏輯，如果某人的財帛宮天干是甲，那麼他的財帛宮所產生的祿存星就會在命盤上寅的位置（圖二十七）。

圖二十七 財帛宮宮干為甲，其祿存星的位置示意圖

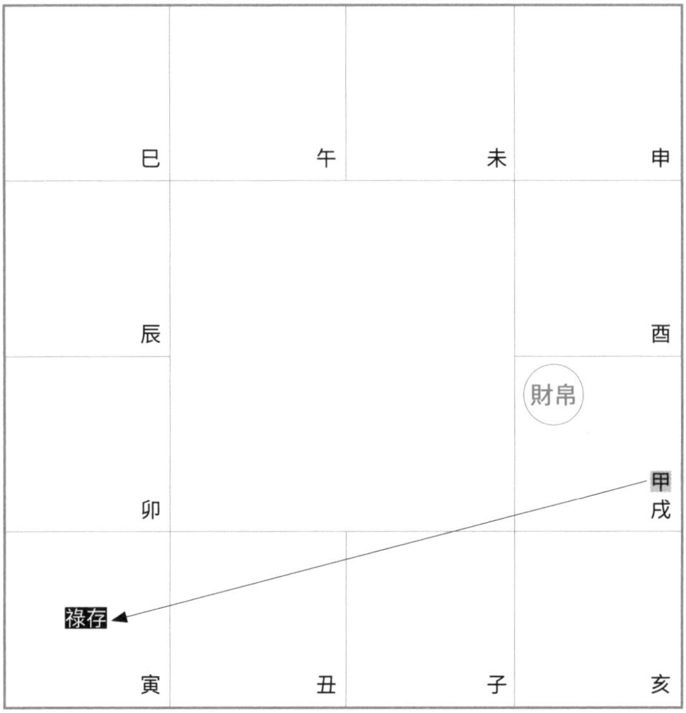

利用這個方式就可以找到適合我們發揮的方位，但還是需要注意幾個問題：一，如果所在宮位有煞星或化忌超過兩個以上，則這個宮位不能使用，當然因為化祿跟祿存會各自找一個位置，所以會有兩個宮位可以選擇。這時候可以互相比較兩個宮位，找宮位狀況好的。但是好與不好還可以再細分，原則上有煞星或是有星曜化忌就相對不好，最好的當然是原本就有化祿跟祿存。二，如果所需要的方位是要去談判、考試、賺外快搶短期的偏財，這時候有火星、鈴星，甚至擎羊，或者有化權，只要沒有再加一個化忌，其實反而會是好的方位，因為這樣的需求本來就需要有魄力、有決心與熱情，所以煞星的出現反而比較好。

掌握了這樣的原則之後，就可以依據事情的需求找出適合的方位，例如找到的位置是命盤的午，代表南方，那麼自己的座位就適合在辦公室內偏南的位置。如果是要擺攤做生意，有兩個夜市可以選，就選偏南方的夜市，比較適合自己，這是基本的應用原則。不過，還需要注意一個小細節，如果挑出來的位置煞星化忌都很多，該怎麼辦呢？這時候可以利用運限盤去找，運限盤也會有這些宮位，也會有天干，一樣可以產生飛化的化祿跟祿存，只要注意如果需要的地方是五年，用流年的運限盤找出來的位置可能在隔年就要更換，所以這時無論如何都只能用本命盤跟大限盤去找，不能用流年盤。

另外，這裡建議的財帛宮、福德宮、命宮三個宮位到底要選哪一個呢？第一個考量是希望尋找的自身能量是哪一個，若單純希望對財務分析有比較好的穩定度，就選財帛宮；希望運氣好的選福德宮；希望對身邊所有事物都有好的精神狀態跟力量，則選命宮。但是還要做另外一個考量，如果這幾個宮位內有超過兩個以上的煞星或者星曜化忌，則這個宮位的宮干不能使用，因為這就是個風險很高的宮位，利用它的力量其實不太適合。最後則是不斷提及的，命理不超越現實狀況，不能完全照章辦事，按圖施工如果不考慮現實狀況，也有可能不會成功，所以找出來的方位如果現實考量實在有問題，例如辦公室的南方剛好是女廁的門口，一個大男人坐那裡實在不適合，就可以選擇方向偏一點的位置，或者就該找其他方位了。

5

紫微斗數中的東方魔法

在空間中增加自己的能量

找到適合方位之後，通常還有幾個注意要點，如前面提到過程可能不是那麼順利，總會遇到一些問題，無論是命盤上有太多煞星，或是現實中那個位置可能是陽台，根本不適合，這時勢必要找出相對好的那一個，也就是難免要接受有一點煞星在宮位裡面。

我們可以利用一些方式做改善與調整。方案一就是利用**火的力量**。火對人來說是一種生命的力量，溫暖且可以祛除我們內心的不安，也可以穩定思慮，是一種力量的展現，所以世界各文化的魔法陣或是宗教上的儀式，火都是重要元素。而因為火所產生的碳，更是被世界各宗教公認為現實世界與靈魂溝通的工具。絕大多數的煞星都怕火（擎羊、陀羅皆屬金，而火剋金；鈴星具備冷靜跟思慮清晰的特質，所以在環境中不那麼嚴重的被視為煞星；化忌在紫微斗數中則如同海中漩渦，會把人的思慮捲進去，所以火也能給予光明），因此，利用火的力量可以解決許多現實空間環境的問題。

我們可以在挑選出來的好方位上，長時間給予火的力量（所謂長時間當然是根據現實上自己的方便）。什麼是火的力量呢？簡單來說就是燒東西，燒各種東西，在喜歡的位置沒事就約大家烤肉也行，只是這件事的重點是要增強能量，讓自己可以高度利用自身的能量特質，其中包含祛除不安全感，以及穩定自己的情緒。揪大家烤肉一方面自己可能會太嗨太開心，無法穩定情緒，另一方面，可能增加出來的能量還會被分走，所以除非是自己一個人默默的烤肉，否則可以用其他方法，例如點蠟燭、點香，或者挑選運勢好的時間點（福德宮狀況好的流月或流日），將願望寫在紙上之後燒掉。燒幾張呢？寫多少呢？依照各種流派與文化，會有不同的數字，其實就是越多越好。寫的過程要專心，這是各種不同流派都會希望你做的，因為可以讓自己在過程中回想所有的問題，檢討原來的方案，沉思計畫是否可行，並且在一張張燒掉的過程中，會看著自己的願望，加強信念，最後給予自己更多的理性思考跟想法，給予努力的信心跟消除對環境以及對外來的不安全感，自然的就會提升能量與磁場（或者各類你想稱呼的名稱）。所以，平時可以使用蠟燭，最好是芳香蠟燭，除了因為香味有提升精神引導靈魂的力量，也免得把家裡搞得跟香堂一樣可笑，點香也是一樣的道理。另外，光也是一種火的概念，如果不方便在挑選的方位用火，也可以讓該處長期有光的存在，當然環境也要打掃乾淨，工作的時候才能幫助自己釐清思路，慢慢的就會有好的精神支持。這也是告訴我們，如果單純的只是想燒燒東西發白日夢，祈求發大財，是沒有用的，就像風再大也不可能把你吹成奧運賽跑冠軍，如果你根本不曾練習。

除了用火，方案二是可以搭配一些小布置，擺出屬於自己、調和環境的布局，怎麼做呢？選出的方位宮位內的星曜，代表了那個位置的狀態，如果火是一種生命力，也可以抑制煞星，那麼水就是源源不絕、生生不息的力量，可以把那個位置調整成有水的狀態。最簡單的方法當然是放水在那裡，勢必要乾淨的水，而且要夠大盆，只是這現實生活中不太可能做得到，所以我們也可以依照宮位內的星曜特質給予現場布局的變化，進而產生**水的能量**。紫微斗數的星曜都有自身的五行（P.260圖二十八），這是從自身特質對應出來對於環境的感受所做的分析，例如有人看到颱風會害怕，有人卻覺得很有趣，同樣一個颱風對不同的人會有不同的解讀、不同的感受，相同的環境對某甲來說，感覺像是紫微，十分華麗，對某乙來說，卻像武曲，務實而無趣。這就如同看同一件衣服，有些人覺得性感，有些人覺得還好。所以可以依照這樣的特質為環境做變更，如同覺得衣服不夠性感的人，可以自行把拉鍊拉到肚臍以下，改變暴露的尺度，讓性感倍增。

圖二十八　十四主星陰陽與五行屬性圖

名稱	陰陽
紫微	陰土
天機	陰木
太陽	陽火
武曲	陰金
天同	陽水
廉貞	陰火
天府	陽土
太陰	陰水
貪狼	陰水、陽木
巨門	陰水
天相	陽水
天梁	陽土
七殺	陰火、陽金
破軍	陰水、陰金

圖二十九 五行相生相剋表

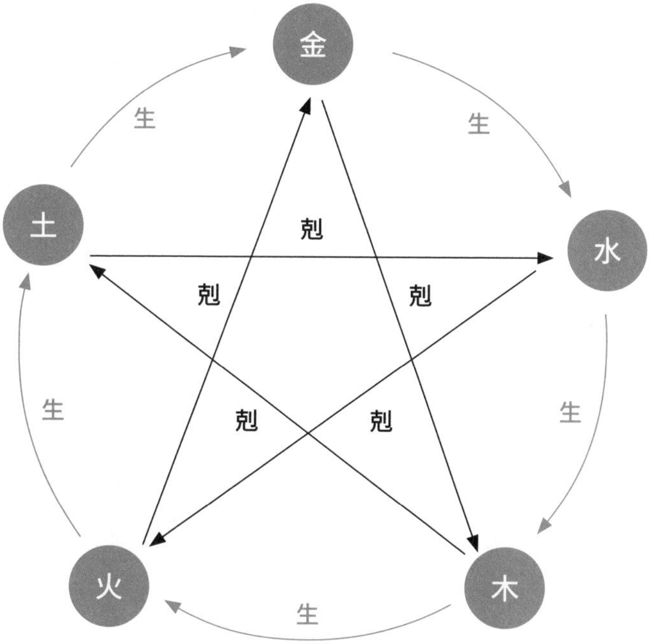

用水強化空間的能量，首先，需要知道重點在於水，要想辦法讓水的特質出現（這個方法會有因應不同宮位與不同狀況的更高階應用，為了方便大家學習，這裡只介紹初步布局方式，並且專用於財運跟思緒），如果宮位內的星曜屬金，因為金生水（P.261 圖二十九），要放個水，可能是用個漂亮的金屬碗裝上八分滿的水，水中放入金屬錢幣或寶石，並且隨時保持乾淨再加上明亮就可以（火的力量還是很重要）。如果宮位內的星曜屬水，就要看看是不是遇到化忌或陀羅星，有可能水已經太多了，或是受陀羅影響，這是混亂的水，那麼就不要再增加水了。火的力量可以給予控制，或者是土的力量，對於土的力量，可以選擇夠大而顏色沉穩單純的石頭，彩色斑斕漂亮那種花花的石頭不行，放沙或土可以嗎？基本上可以，但是土可能不容易保持乾淨。如果宮位內的星曜屬火呢？水火相剋，除了放水之外，也可以放一些金屬的裝飾品，而且最好以圓形、圓弧形為主，因為金屬物若呈現尖銳，在水上會成為煞。金生水，可以穩定補充水的力量，這時候還需要補火的力量嗎？其實還是可以的，因為一個是拉動那個空間跟自己內心靈魂的力量（火），另一個是幫原始環境調和，就像露營的時候要整理環境，但是營火也是必要的。還有一個方式是放上石頭，在五行的觀念中，有一個比抵抗跟控制更好的方式，叫作「洩」，也就是不是阻斷你，而是疏導你。洩的觀念來自於相生，我生你，我就必須為你付出，而我自己則會失去，所以火生土，讓土的力量增加，就可以較溫和的降低火的影響。再來，宮內星曜如果是木呢？水生木，有木的存在會洩了水的力量，所以找個東西來控制木，降低木的力量。火會燒掉木，常在這個位置點蠟燭、點香，增強火的力量，再放上一些金屬物品，一方面增強金生水，一方面金也可以剋木。

透過這些方式可以簡單調整自己在相對方位內的星曜屬性，也是透過外力來調整我們能量的方式。就像有個人在某個環境會特別拘謹，也許就是因為金的特質。但是我們若給他一位柔情似水的女人，或者他喜歡的酒精飲料，他可能就會改變心情，不再一板一眼，這就是實際上魔法應用的原理。這是神奇魔法嗎？或許是，但其實也是生命法則，在生活中到處可見，只是我們也可以有效率的拿來應用。

認真看到這裡的讀者可能會發出一個疑問，宮位內如果是煞星呢？四煞星擎羊跟陀羅都屬金，用火來處理，鈴星跟火星本來就屬火，如果希望大爆發，其實正是要選這樣的位置，但是要加上水以穩定自己的情緒，如果想安安穩穩，則可以參考文面對於火的應用。如果遇到宮位內有兩個主星呢？簡單的做法就是只看前面那一個（P.265圖三十）。而紫微斗數中有三個主星具有兩個五行，分別是七殺、破軍和貪狼，又該取決於哪一個呢？殺破狼是紫微斗數中很特別的三個主星，代表了我們內心的慾望，在命盤上對應出來的宮位，也會是我們在那個方位較容易產生情緒問題的方位，我們可以這樣調整：七殺屬金屬火，如果希望能夠有堅定的力量，要加強金的力量；破軍屬水屬金，如果希望擁有更多創意，要控制金增加水的力量；貪狼屬木跟屬水，若希望在財運與事業上有好的思慮，要增加木，如果希望有好人緣，例如從事業務工作或是做小買賣，那要增加水，也就是要針對自己需要的去增加對應的元素。

圖三十 雙星在宮位內以前面的主星為主圖示

<table>
<tr><td>紫微七殺
巳</td><td>午</td><td>未</td><td>申</td></tr>
<tr><td>天機天梁
辰</td><td colspan="2" rowspan="2">以紫微七殺在巳的命盤為例，雙星組合以框起來的星曜為主</td><td>廉貞破軍
酉</td></tr>
<tr><td>天相
卯</td><td>戌</td></tr>
<tr><td>巨門太陽
寅</td><td>武曲貪狼
丑</td><td>太陰天同
子</td><td>天府
亥</td></tr>
</table>

這就是利用紫微斗數命盤，以及以此為根據，了解自身需求而在環境上做調整，才能處於更好的環境狀態的布局方式，利用環境給予的好能量，讓自己在努力的過程中得到一點外力的幫助，在終點線前得到一陣順風的推波助瀾，或者讓我們在爬出環境困頓的坑洞中最後往上爬的那一刻，能夠遇見一棵可以助一臂之力的小樹枝。

特別加映

防神棍詐騙 必看真心話

人生總會在有錢的時候慾望變強，希望能賺更多錢，在窮困的時候才發現自己的賺錢能力不足以面對人生困境。在一定的年歲之後，會因為現實生活變故而不斷遭受打擊，並且越來越不容易重新面對自己的不足，只有極少數的人在離開學校後還願意不斷學習，因此當人出現困難或是對自己有更多的期待，又希望可以快速得到解決方法時，就會想要求助於無形的力量，而非知識的力量，卻忘記知識的力量才是一切的根本。要知道，即使是無形的力量，其背後也有很好的邏輯與科學為基礎，並非漫無所本的只是補財庫、求神明，或者做法會，或者向上天祈願、向外星人拜託，跟神奇的高我連接，這類的各種學說雖不能說完全不可能，卻容易讓許多人拿來行詐騙之實。

當人們的願望增強時，也會讓人失去理智，尤其是處在勝利的時候更是如此，會忘記自己是什麼樣子的人、忘記成功的真正原因。當人在失敗的時候則會因為信心崩盤而不再相信自己，只想在困境的大海中找到一片可以救贖的浮木，這樣的心情背景就是神棍最好介入的時機（不用神明之名，而用外星人代替的，就不再另外稱呼外星棍了，一律叫神棍省得麻煩）。其實各種宗教原則、神明啟示、身心靈法則，即便是外星人的教條，基本上最初的立意都是好的，只是人們將其利用來迷惑人心，而受到迷惑的人就是因為不夠理性思考才會被迷惑，無論是成功或落魄的時候，那時候的自己都容易不理性，容易因為自己的心境而掉入神棍的陷阱中。

事實上如果能夠掌握好基本原則，了解一切需要靠自己，並且所有的事情必須可以被基本原理跟邏輯解釋，就可以分辨出是否遇到神棍了。至少一個能夠幫助你賺錢的「神明」不會在你困難時，先叫你拿出十萬、八萬元來做法會；至少一個可以幫助你轉換環境的「使者」、「代言人」，應該本身要有足夠的商業邏輯跟不錯的物質生活，若是他自己的生活都不富貴，要如何教你富貴？一個能讓你大發的「心靈導師」，至少要曾有投資的經驗，否則就像從武俠小說看來的網友評論一樣，說的一嘴好功夫，卻會讓你真正上場後一敗塗地。或許這些人會說，這是無可解釋的，是世人不明白，這是更高維度的智慧，只要相信、不用理解。請問這合理嗎？這麼有智慧卻解釋不好，還要相信他有智慧？這麼有能力的代言人卻生活得很苦，合理嗎？這麼厲害但不去幫助世界上許多貧困的人民，卻先幫助你，你有那麼珍貴嗎？很多事情一語就能道破，讓人發現其實不過是人所發出的妄語，只要認真理性了解，就可以發現真正有智慧、真正成功的人會告訴你一切都要靠自己，自助而人助。

誠如前面提到的顯化法則或吸引力法則，真正的內涵是求諸自己，是利用自己與上天的約定來逐步完成夢想，並非作白日夢，更非單純的向許願池許願。如同每個人適合的減肥方式不同，有些人需要運動，有些人需要節食，有些人需要被逼迫去運動，有些人需要搭配藥物，各式各樣，所以佛法說修行有十萬八千種法門，大家可以各自尋找適合的法門。但是佛法也說自業自償，問題還是要靠自己解決，無論十萬八千種法門你尋求的是哪一種，根本的原理是相同的——要靠自己解決。有這樣的基本觀點之後就可以發現，只要是真正可以幫助人的方法，其實都是靠自己努力，只是透過比較能接受的方式讓你慢慢努力而已。

長久以來，紫微斗數一直被認為是命理學、算命術，考究根源（我曾在部落格發表許多相關文章），其實是來自希望一個人可以了解自己並且讓生活變好的方法，包含了大家認知上的命理學，了解自己以及知道即將面對的人生運勢。但是**揭露這些訊息並非讓人想著怎麼躲避困難，而是要讓人知道如何面對困難，並從困難中學習變得更好**，包含本書前面提到的許多方法：怎麼挑時間、怎麼挑適合的空間、怎麼利用時間上的變化的優劣勢，為自己找到奮力一搏的時間點，跟需要喘息躲避的時間點，這都是利用命盤的結構做出的理性分析，讓人可以為人生做出判斷。還記得盤上的煞星就是我們無法控制的情緒嗎？不理性的判斷也是讓我們容易做出錯誤選擇的原因，所以不建議在有煞星出現時做出判斷，因為理性在人生的旅途上相當重要，畢竟人是脆弱的。一個深入了解人性，包含人的靈魂力量的紫微斗數（不了解人的靈魂力量怎麼可能了解一個人，更別說是做出預測了），當然可以有激發個人潛能，與利用外力將自身能量做更大發揮的方法。

過去將紫微斗數稱為命理學，是因為紫微斗數的體系過於龐大，許多人光是命理的部分就學不完全，何況是利用紫微斗數發動自身能量的方法。這個邏輯就像是一位好的教練可以利用選手個人精確的數據分析，了解選手的各類型數據，從心跳率、出汗量、身體各部位肌肉比例、肌肉含氧量、爆發力，甚至是心理素質的數據化分析，從這些多如牛毛，極其細微的數據，為選手調整訓練方法，讓選手發揮本身最大的能力。（本書完成期間適逢東京奧運，本次奧運因為台灣選手得到前所未有的成績，進一步揭露了許多選手訓練的過程。）

紫微斗數就如同每個人的資料庫，可以給予精確的數據分析，因此讓我們能利用自身的天生潛能跟特質做出最大的發揮。紫微斗數並非只是算命的概念，我在許多影片與文章中都曾提過，包含本書提到的上天給予我們的運氣（福德宮）、上天給予的理財能力（財帛宮），還有在另一本著作《改運之書‧風水篇》中大篇幅介紹子女宮、田宅宮的個人與環境能量的互動關係，也是利用紫微斗數對於自身的理解，挑選出適合我們能量的好風水，因為風水學也是一種可以透過外力改變自己的方式，如同一個胖子會因為比較會穿衣服，使他看起來不那麼胖。

紫微斗數身為傳承千百年、集合各家優點的綜合數術，同樣有著如魔法般，可以因為了解個人的靈魂力量（或者說是磁場，是高我，是守護靈，是意志力……等等各種形容都可以），而將其增強與放大的方法。其原理分為兩大部分，**其一是找到適合的環境**，如同仙人掌要放在沙漠，不能放在熱帶雨林，但蕨類放在沙漠則可能會枯死，每個人都有適合的空間；**其二是如何創造出適合的環境**，如同葡萄需要乾旱的氣候才會甜美，但是完全的乾旱又會讓它枯萎，如何在這之間找到平衡，在環境不佳的狀況下解決環境問題。全世界無論是東西方文化所用的魔法概念，大致上不外乎如此，只是身心靈界透過了解自身，利用各類法則教育自己，幫助自己心靈成長；宗教利用宗教的規則與宗教團體的眾人扶助之力幫助個人；風水直接更動外在環境；還有利用各類長久以來人們對於靈魂能量的了解去幫助自己，提高自己的能力。這類因為無法用現代科學認證的方式，就被稱為魔法，但其實只是一種用環境與外力幫助自己的方法——在人已經做了很多努力之後，給予臨門一腳的幫助。就像一個人賽車的時候忽然來了一陣順風推他一把，讓他可以衝破終點線得到獎盃。但是光靠風是沒用的，必須你已經靠著自己的努力接近終點線，這時再來一陣風推一把才有用。

一個武曲化忌、一生缺錢賺錢者的告白

只要是我的學生、或買過我的書的讀者、或是看過影片用心觀察，就能知道我是壬年出生，這是武曲化忌的命盤，並且剛好化忌在田宅宮。這樣的命盤在許多紫微斗數的書籍中，常被提及相當有問題，尤其從本命盤看來，大概就是破財破一生，但事實真的如此嗎？

如果從我二十八歲到三十歲這三年，以及四十歲到四十五歲這六年來看，確實如此。排除掉小時候家境貧困，甫出社會後即承擔家中負債之外，我在成年後確實遭逢了幾年人生極大的變故，動輒都是數千萬元的負債額度，若是用當下時間點去看這樣一個人，大概都會認為我是個人生無望的失敗者，完全符合算命師利用化忌恐嚇行銷，讓你掏出許多金錢來為自己改運的慘烈案例。但是如果從另一個角度來看，扣除近幾年開設命理機構以及過往創業維艱的年分，也有十數年的時間擁有許多人羨慕的事業成就，雖然不敢說多有錢，但是擁有一份還可以的收入，住在高級地段的房子，出入開進口車都沒有問題。負債、倒閉、創業，在二十年內輪迴，我在三、四十歲就經歷了這些事，過程中也確實展現出武曲化忌在田宅宮的狀態：我是家中重要的經濟支柱，身邊永遠存不到錢（因為賺到了就往家裡花），所以在面臨股東鬥爭與環境變化的時候，毫無應變能力，加上個人的人格特質，以至於事業總是平地起高樓，隨之高樓又迅速崩塌。

說到底這是因為沒有將自己要蓋的大樓放在適當位置上，樓要蓋得高，基礎就要打得穩；樓要蓋得高，蓋樓的地方就要挑選好環境，不能是地震帶，不能常有風吹雨打太陽曬。但是蓋高樓的人往往只想著蓋樓，卻忘了其實人並無法勝天，自身的能力需要順天而為，才能有很好的發揮。不過，只依靠環境跟選擇良好的地點，卻無蓋高樓的能力與企圖心，也只能坐寶地但空手而歸，這也是命理學上最原始而重要的關鍵。人與環境的關係，才是真正能夠窺看生命軌跡的因素，而希望掌握生命為自己尋找好的生命軌跡人生路途，就需要同時掌握這兩者。

許多人會想，如果能夠掌握命理學，為何人生還會失敗？這道理很簡單，就像醫生也會生病，即使掌握了命理學，卻無法掌握自己的內心，驅動自己的行為意志去做該做的事，如同腎臟科醫生克制不了自己的飲食，一樣會有罹患糖尿病的機會。「知道」跟「做到」往往如京劇中青衣的水袖，無止境的擺動與綿長。人往往只有在面臨生死關頭時，才能痛定思痛的改變一切。至於該如何改變、如何進行，就需要一個可以依循的目標，如同醫院的身體健康檢查報告所做的分析與評估，讓我們可以透過飲食、運動或是醫療行為，逐步改善身體狀況，而紫微斗數命盤就像是這樣的分析報告，各類財經知識與好的經濟觀念就像是醫療行為與使用的方法，缺一不可。可惜人往往都是肥胖了才急著減肥，得糖尿病了才急著找偏方，完全忽視科學檢驗與方法所帶來的醫療知識以及給予的改善方案，因為這往往太慢又太難，才會相信各類偏方與江湖傳說的神奇療法。但是只要用邏輯一想就知道，如果這些方法這麼有用，為何發明方法的人不去拿諾貝爾獎？為何這些方法不能得到公開的認可？或許各類自然療法有其效果，但是現代文明社會追求的是一種普世的通用性，一個方式需要被證明能夠適用於大多數的人，只是人心的虛弱往往讓我們不願意面對這一切。這也是許多命理師或神棍明明經濟狀況不好，卻夸夸其詞指導客人如何生財、如何創業，甚至藉由供養與詐騙得到豐厚收入的荒謬現象，不過許多人仍趨之若鶩。

我在成為命理師之前，有大半的人生幾乎都在創業，深知商業上的許多規則與邏輯，多年來對於很多前來諮詢的朋友，我都希望能夠快速利用命理學改變自己的觀點，給予深深的勸導，但總是聽故事的人多，願意成為故事主角去努力改變的人少之又少。命理學當然可以給予幫助，但是如同醫生勸告病人，若病人根本不願意面對與調整，就算醫生的建議再好，也是一點用處都沒有。因此，在本書的最後，除了前面分享利用紫微斗數上的技巧給予財運幫助的方法，與利用斗數盤了解自己，讓自己能夠面對人生困境之外，也在此分享多年來從生意倒閉、人生希望破滅掉入地獄到重新爬回地面，能夠有一席之地的經驗。關於理財上的基本觀念跟知識，兩者搭配服用，才能徹底改善財運狀況。

面對內心確立的目標，由小夢想逐步踏實成就理想

確定目標是非常重要的一步，絕大多數人財務上的問題都是因為沒有確定的目標，所以不知道努力的方向與方式。確立目標並非異想天開，而是築夢踏實，透過

目標的設定，**從結果去分析需要做哪些功課，要如何達成**。以我踏進命理界為例，當時每個月要償還負債二十萬元，還不包含生活開銷（孩子剛出生），所以一個月三十萬元的支出是很正常的，可怕的是當時我負債一千多萬元，身上連一點安全的儲備資金都沒有，也沒有能力為自己打知名度，沒有能力廣告，即使擁有再厲害的命理學能力，也無法有收入。我開始制定讓自己成名的計畫，分析網路上的流量數據，為自己訂下精密的部落格寫作計畫，順利的用兩年多時間成為百萬部落客，為自己帶來了穩定的命理收入。我在做出計畫之後，就很清楚知道自己需要在這兩年內再籌出多少資金，才足夠支撐生活與負債，並且可以擬定清楚的借貸計畫。

　　而長年的生意經驗與對命理學推廣的夢想，我當然不可能甘願只做一個可以糊口的命理師。但是，要做大的推廣，需要自身有足夠的能量，只是當時的我可說是自身難保，要如何產生能量？因此，要先解決當下問題，然後逐步計畫後續的發展。目前我創辦的學會，在命理學推廣上，有著與他人不同的架構，也就是有陪讀的助教體系，讓學習者在學習過程中有人陪伴與分享經驗，幫助度過在學習中遇到的撞牆期或迷惘。這樣的做法，來自於我一開始就設下可以國際化推廣紫微斗數的目標，但是在當時負債上千萬元的情況下又如何能夠做到？

還記得當初訂下國際化的目標之後，我就清楚知道自己該做什麼，所以即使成為百萬部落客，知名度也跟著增加時，學費卻沒有大幅度提高，就是為了培養人才，幫助更多的人，讓即使是身在國外的學生也能有國外的助教，可以零時差的回答問題，這絕對不是老師一個人做得到的。當然也是因為自己的目標很清楚，所以可以依此標竿去做計畫，當一般成名老師調高學費賺錢的時候，我們更在乎的是教學團隊的養成，逐步建立頻道跟考核制度，創設了一套學習系統，可以讓全世界學習者依循。即便一開始就是負債千萬元，但是當目標確定之後，方向跟做法也就跟著明確，就可以了解接下來的過程該如何逐步完成，像過關打怪一樣，一關一關的達成。

過程中當然會遇到很多困難，諸如資料遭剽竊、文章被不具名引用、書籍被盜版、學員私下挖角學生、遭受其他老師的攻擊等都存在，但是因為目標清楚，所以不會動搖，更不會因此選擇傳統命理師留一手的做法。既然要大程度的推廣，當然就要把所有真功夫都交出去，學生可以學得越多越好，當你不再看眼前利益，最後得到的就會是全面性回饋。我們可以發現，幾乎所有長久穩定的企業都是抱持這樣的觀點跟做法。我們常會覺得某家厲害的餐廳應該有所謂的祖傳祕方，可能只傳子不傳女，而且這樣的餐廳通常只能有一家，不可能是連鎖餐廳。當然不是說只有一家店的餐廳不好，而是必須清楚知道自己期待的目標。如果希望自己的餐廳可以國際化，需要的就不是怎麼守住配方，而是如何管理與吸引更多人才。同樣的，如果希望自己一切平平穩穩，就要做好穩定儲蓄的財務規劃，安穩過日子，而非賺多少花多少，了解自己外來的需求，需要有最低可以抵抗災難的能力，就像在田宅宮章節所說，一個家之所以能產生安全感，不是因為那間房子，而是來自房子內有頭豬啊（所以華人的撲滿都用金豬做造型）！因此，如果不期待自己功成名就大富貴，只希望過上小日子，也要把颱風來了會吹垮小日子的災難儲備金準備好，養好金豬就不用怕了。

天下沒有白吃的午餐，世間沒有輕鬆錢財

這是一句老掉牙的話，但老掉牙的話通常都經得起時代檢驗。追求財富的過程往往像追求愛情，總是在剛開始的時候不在乎、不練習、不求知，卻在臨場時希望自己擁有超人般的能力。從小不讓我們接觸利益跟數字觀念這種做法，跟從小告訴我們先用功讀書長大再談戀愛一樣，問題是無論哪一種知識都需要學習跟練習，語

文如此，人際關係如此，游泳、廚藝、物理，任何學問都是如此，怎麼可能財經知識跟愛情不需要學習、馬上就會？尤其財務知識往往是在面臨了現實狀況時，才發現很重要、很需要趕快知道，但是十年之症怎麼可能用一時的藥石解除呢？因為一場疫情、一年關在家裡吃吃喝喝的肥肉，別說是一天了，一個月可能都減不下來，這是天下公平的法則。所以如果別人用了十年的時間財富自由，自己如何可以用一個月或者一年的時間成為千萬富翁（除非原本是億萬富翁，在一個月之內賠錢賠到變成千萬富翁）？因此，若希望自己能夠掌控財務，無論目的為何，都需要花上時間學習相關知識，並且利用一定的時間調整自己的價值觀。任何告訴你可以瞬間致富的，無論是命理、法術、法則、課程、組織、公司、團體、法門、外星人使者等等，那都是假的，就像愛情中，對方在一瞬間告訴你，他可以為你兒子愛你一輩子，通常也是假的。因為求財跟求愛一樣，人總是在這個過程中急迫的希望得到，所以尋求緊急的給予，最後得到的都只是虛假的方法、虛假的愛情。

在選擇開始理解財經常識的時候、在選擇希望改變自己的時候，耐性是很大的重點。我當年在負債如此嚴重的情況下，依然決定給自己兩年的時間，不上班不工作，專心從事命理業，專心寫文章，無論是當時或是後來的許多學生聽到這個故事，都覺得太不可思議了。問題是，台灣一般命理師在沒有任何資源情況下，想要成名到有足夠收入可以支付生活開銷大概需要三到五年，更何況這只是基本收入，若不認真做，怎麼可能縮短時間呢？從這個角度來看，兩年已經是很短的時間了，時間的長短從來都不是到底是一年還是兩年，而是一種相對的比較。如果花上兩年可以一次解決，比來來去去花上十年好太多了。這就像許多人浮浮沉沉追求愛情，卻永遠不去省思自己要的是什麼，不願意真實面對自己能夠做的是什麼，最後就是透過一次次的問題、一次次的失戀，真實的面對自己的困境。當然這就是人的困境，也就是我們在命盤上可以看到的問題，這時候命理學可以給予我們一個理性客觀的幫助，讓我們清楚知道該怎麼做。做好計畫之後讓自己有時間改變，不要因為心急而尋找快速的財富，就像不要因為失戀就去找一夜情，才能找到真正的愛情。

了解各類金融知識，借錢從銀行開始

本書數度提到希望大家多了解財經知識，但是許多人一邊了解各種理財商品，一邊上各類課程，又在打算創業的時候，覺得自己不該借錢，或者不該向銀行借錢，而該向親朋好友借錢。問題是絕大多數的企業家都會跟銀行往來，為何大多數成功人士在做的事情，你卻不願意做？我曾是台灣第一個將餐廳料理以冷凍調理食品方式推向大型販售通路的人，這個做法在當時深受家族長輩以及相關人士的反對，理由是這些大型公司吃人不吐骨頭，只會用各類合約謀取利益，跟他們做生意無非是與虎謀皮。但這卻是讓人十分疑惑的事，如果真是如此，難道讓公司商品在連鎖通路上架的那些老闆都是白痴？如果真的這麼可怕，為何他們還要跟這些連鎖通路做生意？再者，相較於傳統餐廳生意的獲利模式，一切現金往來，做多少賺多少，賺多少做多少，跟大型公司合作必須接受他們各類的規章，而且必須跟銀行往來，因為他們通常會延遲很多個月才付帳，所以向銀行借貸周轉基金是必然的，這當然也被視為洪水猛獸。後來才發現，絕大多數人只喜歡做簡單的生意，根本不願意為了自己的品牌、為了自己的市場，對這個世界做更多了解，一看到合約就頭大，不願意找出有利於自己的方式。就像許多人算命時只想問好不好，卻不想知道如何才能變好，只想知道會不會離婚，卻不願意多了解婚姻相處之道。對銀行的態度也是如此，許多人寧願向親戚借錢，不願意面對銀行的主要原因是不用付利息（但是欠人情沒關係，跟親戚翻臉沒關係），不願意理解銀行的運作（畢竟親戚的心情自己比較熟悉），害怕自己出問題時會被銀行告（顯然一開始就準備賴帳），身邊若有這樣的人，想創業卻在有資金需求時先找上你而不是找銀行，基本上可以不用借錢給他了，因為銀行體系的運作是金融的基本常識，無論是害怕銀行或是不想付利息，甚至是不願意面對債務壓力，這個人通常不會成功，因為他連基本的創業勇氣與金融常識都沒有，這就像只用熱情去捕魚，遇難的機會太高了。

因此，要學習各類金融知識，建議可以從銀行體系開始了解。銀行受政府一定程度的監控，有一定的規範，至少不會是金融詐騙者，雖然偶爾也聽說銀行出現金融風暴，但是通常都有機可循。所以，即使不創業不投資，至少一般人對於現今社會上所使用的基本金融商品都要了解，信用卡、個人信用貸款、房貸的計算方式，透過這些日常生活中就可以用到的財務工具，建立起基本的金融常識，再逐步擴大了解，會是一個很好的學習過程跟方式。同樣的，如果已經創業或是有投資經驗，也可以回顧這些基本的金融商品跟銀行體系背後的結構，這會是最基本的學理。有了好的知識跟學習的方向，才能搭配命盤上給予的運勢估算，做出對自己最有利的選擇。

所有方式、法則、名師言論，都需要用邏輯檢驗

在知識的學習過程中，一切都需要用理性的邏輯做檢驗。許多人意識到自己對於財經知識的需求之後，往往會胡亂的吸收。尤其在網路資訊爆炸的年代，我們很難分辨正確的學習道路，如同佛陀涅槃之際，魔王跟佛陀說：「在末世，我將許許多多的徒子徒孫，用你的話語你的名號去迷惑你的信徒。」所以佛教強調重視經驗法則，重視邏輯辯證，重視以經為師，而不以人為師，就是因為人很容易被一些看似正確的學理迷惑。而這則佛教的故事，說的正是普世上許多人在尋求知識與真理過程中，避免找錯老師跟方向的警惕。理性跟邏輯可以檢驗自己所學的是不是合理，任何的課程跟訊息都應該要多方觀察跟檢驗，越是強調可以快速，可以非常厲害的，大概都是不太能夠相信的。假使這麼厲害，他根本不用自己說，假使這麼厲害，他的財富早就超過巴菲特了。

紫微斗數的應用也是如此，理性是一切的基礎跟根本，才能幫助我們擺脫命盤上煞星的問題，解決命盤上因為個性而遭受環境拖引的問題，讓命盤成為人生的好工具，而不是隨波逐流的認為自己命格屬什麼五行就該做什麼事，就像我們的愛情

不該是因為算命師說該找什麼生肖的人，或者說某某就是你的真命天子，這樣不理性跟近乎愚蠢的邏輯去做選擇。財運跟愛情是命理師諮詢業務的兩個大宗，究其原因來自於這是我們在現實與心靈上的兩個重心，而我們卻在人生中少有學習的機會。但是，現在我們可以利用命理學，好好幫自己找到適合的方式，面對內心真正的需求，而擁有美好的人生。

紫微攻略4 財富

作　　者 — 大耕老師
設　　計 — 張巖
主　　編 — 楊淑媚
校　　對 — 林雅茹、連玉瑩、楊淑媚
行銷企劃 — 謝儀方

總編輯 — 梁芳春
董事長 — 趙政岷
出版者 — 時報文化出版企業股份有限公司
108019 台北市和平西路三段二四〇號七樓
發行專線—（02）2306—6842
讀者服務專線—0800—231—705、（02）2304—7103
讀者服務傳真—（02）2304—6858
郵撥—19344724 時報文化出版公司
信箱—10899 臺北華江橋郵局第 99 信箱
時報悅讀網—http://www.readingtimes.com.tw
電子郵件信箱—yoho@readingtimes.com.tw
法律顧問— 理律法律事務所　陳長文律師、李念祖律師
印刷— 勁達印刷有限公司
初版一刷— 2021 年 10 月 22 日
初版六刷— 2024 年 6 月 19 日
定價— 新台幣 450 元

紫微攻略 4 財富 / 大耕老師作 . -- 初版 . -- 臺北市 : 時報文化出版企業股份有限公司 , 2021.10 面 ; 公分
ISBN 978-957-13-9555-5(平裝)
1. 紫微斗數

293.11　　110016517

時報文化出版公司成立於一九七五年，並於一九九九年股票上櫃公開發行，於二〇〇八年脫離中時集團非屬旺中，以「尊重智慧與創意的文化事業」為信念。